WERTHER.

WERTHER,

TRADUIT

DE L'ALLEMAND DE GOËTHE,

EN FRANÇAIS ET EN ESPAGNOL.

Gustavi paululùm mellis, et ecce
morior. SAMUEL, *liv.* I, *v.* 43,

TOME PREMIER.

DE L'IMPRIMERIE DE GUILLEMINET.

A PARIS,

Chez F. LOUIS, RUE DE SAVOIE, N° 12,

M. D. CCCIII.

NOTICE

SUR

L'AUTEUR DE WERTHER.

JEAN-WOLFGANG DE GOETHE, ministre du duc de Saxe-Weymar, né à Francfort-sur-le-Mein le 28 août 1749, débuta de bonne heure dans la littérature. Son drame historique de *Gœtz de Ber-lichingen*, qu'il publia en 1773, et *les Souffrances du jeune Werther*, qu'il fit paroître en 1774, établirent, d'une manière brillante, sa réputation. Il s'est distingué par un grand nombre d'autres ouvrages, dont les principaux sont : *Iphigénie en Tauride*, tragédie absolument dans le genre d'Euripide, qui fut traduite et fort accueillie en An-

NOTICIA

TOCANTE

AL AUTOR DE WERTHER.

JUAN WOLFGANGO DE GOETHE, ministro del Duque de Saxonia - Weymar, nacido en *Francfort - sur - le-Mein*, á 28 de agosto de 1749, se dió á conocer desde muy joven en la literatura. Su drama historico de *Goetz di Berlichingen*, que publicó el año de 1773, y *las Desdichas del joven Werther*, publicadas el de 1774, establecieron su reputacion del modo mas brillante. Se ha distinguido por otras muchas obras, siendo las principales : *Yfigenia en Tauride*, tragedia, en que siguió enteramente á Euripides, la qual

a ★

gleterre ; son poème épique *d'Herr-*
mann et Dorothée ; le roman de
Meister ;[1] et enfin plusieurs drames,
qui jouissent depuis long-temps en Alle-
magne d'un succès aussi soutenu que
mérité.

---

[1] Wilhem Meister, ou les Années d'Apprentis-
sage.

fue tradudida y muy bien acogida en Ynglaterra; su poéma épico de *Herrman y Dorotéa*; la novela de *Meister*; [1] y enfin muchos dramas que, desde largo tiempo, han merecido tener en Alemania la mas constante aceptacion.

---

[1] Wilhem Meister, ó los Años de Aprendizage.

PRÉFACE
DE L'AUTEUR.

VOILA tout ce que j'ai pu recueillir de l'histoire du malheureux WERTHER : vous m'en remercierez sans doute. Comment refuser votre admiration à son caractère, votre affection à son cœur, vos larmes à sa triste destinée ?

Ame sensible et tourmentée des mêmes peines, puisses-tu profiter de ses malheurs ! Que ce petit livre

PROLOGO
DEL AUTOR.

——

Hé aqui todo quanto he podido recoger tocante al desdichado Werther: y sin duda me lo agradecereis. Seria posible que dexarais de admirar su génio, de amar su corazón y llorar su triste destino?

O tu, alma sensible y atormentada por las mismas penas, ojalá escarmientes con sus desdichas; y que

devienne ton ami, si le sort, ou ta propre faute, te privoit d'en avoir un meilleur !

venga á ser tu amigo este librito, si, por el influxo de la suerte, ó por la propia culpa, carecieres de otro mejor!

WERTHER.

WERTHER.

PREMIÈRE PARTIE.

LETTRE PREMIÈRE.

Le 4 mai 1770.

Que je suis aise d'être parti, ô le meilleur de mes amis ! Qu'est-ce donc que le cœur de l'homme ? Te quitter ! toi que j'aime, toi dont j'étois inséparable ; te quitter ! et être content ! Mais je sais que tu me pardonnes. Mes autres liaisons, le sort ne sembloit-il pas me les avoir fait contracter de nature à inquiéter, à tourmenter un cœur comme le mien ? La pauvre Léonore ! et pourtant j'étois innocent ! Étoit-ce ma faute si une passion s'allumoit dans son cœur malheureux, tandis que je ne songeois qu'à m'occuper agréablement des charmes de sa sœur ? Cependant, suis-je bien innocent ? N'ai-je pas nourri moi-même ses sentiments ? Ne me suis-je pas souvent amusé de ces expressions marquées au coin de la nature et de la vérité,

WERTHER.

PRIMERA PARTE.

CARTA PRIMERA.

4 de mayo 1770.

QUANTO me alegro de mi viaje ! O tu, el mejor de los amigos ! que es pues el corazon del hombre ? Dejarte, á ti á quien yo amo, á ti, de quien yo era inseparable, dejarte, y estar contento ! Pero yo se bien, que tu me perdonas. Mis otras amistades, me parece que la suerte me las ha hecho formar para inquietar, y atormentar un corazon como el mio. Pobre Leonor ! Y sin embargo, yo estaba inocente. Pero era culpa mia, si en tanto que yo no pensaba mas que en ocuparme de las gracias de su hermana, se encendía la pasion del amor en su desgraciado pecho ? Mas no obstante, soy yo enteramente inocente ? No he alimentado yo mismo su pasion ? No me he divertido muchas veces, con sus expresiones

et qui nous ont fait rire tant de fois, bien
qu'elles ne fussent rien moins que risibles ?
N'ai-je pas.... Qu'est-ce donc que l'homme ?
et comment ose-t-il se lamenter ? Je me
corrigerai, oui, mon ami, je te le promets ;
je ne veux plus ruminer sans cesse ce peu
d'amertume que le sort mêle dans la coupe
de la vie. Je jouirai du présent, et le passé
sera passé pour moi. Certes, tu as raison,
cher ami ; la dose de tristesse seroit bien
moindre parmi les hommes (Dieu sait pourquoi ils sont ainsi faits) s'ils exaltoient moins
leur imagination pour se rappeler le souvenir de leurs maux passés, au lieu de supporter le présent avec sang froid.

Dis à ma mère que je m'acquitterai de
mon mieux de sa commission, et que je lui
en donnerai des nouvelles le plus tôt possible. J'ai parlé à ma tante, et je n'ai pas trouvé
en elle la mégère qu'on m'avoit annoncée :
c'est une femme vive jusqu'à l'emportement,
mais du meilleur cœur. Je lui ai exposé les
plaintes de ma mère au sujet de l'héritage
qu'elle vient de faire. Elle m'a montré ses
titres, ses raisons, ainsi que les conditions
auxquelles elle est prête à nous rendre même plus que nous ne demandons.... Mais

señaladas con el sello de la naturalidad y de la verdad, y las que nos han hecho reir tantas veces, aunque nada tenian de risible? No hé.... Que es, pues, el hombre? y como se atreve á lamentarse? Si, amigo mio, yo me corrégiré, te lo prometo, no quiero saborear á cada instante esta ligera amargura que la suerte mezcla en la copa de la vida. Gozaré del tiempo presente, y el pasado, havrá réalmente pasado para mi. Cierto, tu tienes razon, querido amigo : la dosis de tristeza seria menor entre los hombres (y Dios sabe porque los ha formado asi) si exáltasen menos su imaginacion, para acordarse de sus males pasados, en lugar de soportar los presentes, con sangre fria.

Di á mi madre que cumpliré lo mejor que me sea posible con su comĩsion, y que haré por darla algunas noticias lo mas antes. He hablado á mi tia, y no he hallado en ella la harpia que me havian anunciado : es una muger de una viveza arrèbatada, pero de muy buen corazon. La he hecho presente las quejas de mi madre sobre la herencia que acaba de tener. Me ha mostrado sus titulos, sus razones, y las condiciones baxo las quales esta pronta á volvernos áun mas de lo que pedimos,.... Pero, bastante he dicho. Di á

en voilà assez. Dis à ma mère que tout ira
bien. Eh! mon ami, j'ai trouvé, dans cette
chétive affaire, que la tiédeur et la mésin-
telligence causent plus de désordres dans ce
monde que la ruse et la méchanceté. Du moins
les deux dernières sont-elles plus rares.

Au reste, je me trouve bien ici. La soli-
tude de ces célestes contrées est un baume
pour mon cœur, qui se sent ranimer, ré-
chauffer par les charmes de la saison. Pas
une haie, pas un arbre, qui ne soit un bouquet de fleurs; et l'on voudroit être papillon
pour nager dans cette mer de parfums, et
pouvoir y trouver toute sa nourriture.

La ville est désagréable. En récompense,
la nature brille aux environs dans toute sa
beauté. C'est ce qui a engagé le feu comte
de M*** à faire planter un jardin sur l'une
des collines, où la nature répand ses trésors
avec une profusion et une variété incroya-
bles, qui forment les plus délicieux vallons.
Le jardin est simple; et l'on sent, en y entrant, que celui qui en a tracé le plan étoit
moins un jardinier esclave des règles, qu'un
homme sensible qui vouloit y jouir de lui-
même. Déjà j'ai donné plusieurs fois des

mi madre que todo ira bien. Amigo, he
visto en este pequeño asunto que la frialdad,
y el mal entender, causan mas desordenes
en el mundo, que la astucía y la maldad :
á lo menos estas dos ultimas circunstancias
son mas raras.

Por otro lado, yo me hallo aqui muy bien.
La soledad de estos parajes celestes, es un
balsamo para mi alma que se réanima y se
inflama con los plazeres de la estacion. No
hay un arbol, no hay una planta que no sea
un ramillete de flores : y uno querria poderse convertir en mariposa, para bañarse
en este mar de perfumes, y poder sacar de
alli, todo su alimento.

La ciudad es desagradable. Pero en cam-
bio, se ve la naturaleza brillar en sus alre-
dedores con todo su esplendor. Por esta razon
el difunto conde de M*** hizó plantar un
jardin sobre una de las muchas colinas, donde
la naturaleza extiende sus tesoros con una
profusion y una variédad increyble, formando los valles mas deliciosos. El jardin
es sencillo, y desde la entrada se advierte
que el que ha formado el plan, era áun
mas un hombre sensible que queria gozar
de si mismo, que un jardinero esclavo de las
reglas. Ya he honrado yo su memoria con

larmes à sa mémoire dans le cabinet qui tombe en ruine, dont il faisoit sa retraite favorite, et dont je fais la mienne. Je serai bientôt maître du jardin. Depuis le peu de jours que je suis ici, j'ai mis le jardinier dans mes intérêts, et il n'aura pas lieu de s'en repentir.

LETTRE II.

Le 10 mai.

IL règne dans mon ame une sérénité étonnante, semblable à ces douces matinées du printemps, dont le charme enivre mon cœur. Je suis seul, et la vie me paroît délicieuse dans ce lieu fait exprès pour les ames comme la mienne. Je suis si heureux, mon ami, si abymé dans le sentiment de ma tranquille existence, que mon art en souffre. Je ne puis plus dessiner : pas un coup de crayon ; et cependant je ne fus jamais plus grand peintre que dans ce moment. Quand la vallée qui m'est si chère se couvre d'une épaisse vapeur ; que le soleil levant pose sur mon bosquet, dont il ne peut pénétrer l'obscu-

tiernas y abundantes lagrimas, en el gabinete, que se va arruinando, donde el havia formado su retiro favorito, y donde yo hallaré el mio. Bien pronto seré yo dueño del jardin. En los pocos dias que hace que estoy aqui, he gañado la amistad del jardinero, el qual en nada tendrá que arrepentirse de cuydar de mis intereses.

CARTA II.

10 de mayo.

Reyna en mi alma una admirable calma, semejante á las suaves mañanas de la primavera, que elevan mi corazon con sus bellezas. Estoy solo, y la vida me pareze delicioza, en un sitio hecho expresamente para almas como la mia. Soy tan feliz, amigo mio, estoy tan abismado en la idea de mi tranquila existencia, que abandono mi arte. No puedo dibujar, ni dar una sola pinzelada; y no obstante jamas he sido mayor pintor que ahora. Quando el valle que tanto me agrada, se cubre de un vapor espeso : que el sol que nace, luze sobre mi bosquecillo, cuya obscuridad no puede pe-

1 *

rité ; que quelques rayons seulement , se
glissant entre les feuillages , parviennent
jusqu'au fond de ce sanctuaire ; que je suis
couché au pied de la cascade dans l'herbe
qui s'élève par-dessus moi, et que mon œil,
rapproché ainsi de la terre , y découvre
mille petits simples de toute espèce : quand
je contemple de plus près ce petit monde
qui fourmille entre les chalumeaux , les
formes innombrables et les nuances imper-
ceptibles des vermisseaux et des insectes, et
que je sens en moi la présence de l'Être
tout-puissant qui nous a formés à son image ,
et dont le souffle nous soutient, nous porte
au milieu de cette source éternelle de jouissances : ami , quand j'ai les yeux fixés sur
tous ces objets, et que ce vaste univers va
se graver dans mon ame comme l'image
d'une bien-aimée, alors je sens mes desirs
qui s'enflamment, et je me dis à moi-même :
Que ne peux-tu exprimer ce que tu sens si fortement ! Ce dont tu es si pénétré, si échauffé,
que ne peux-tu l'exhaler sur le papier, et le
rendre par là le miroir de ton ame, comme
ton ame est le miroir de l'Être éternel ! Ami...
Mais je sens que je succombe sous la grandeur
de ces apparitions imposantes et sublimes.

netrar : que algunos rayos, de los que se
escabullen por entre las ojas, llegan hasta el
fondo de mi santuario : que estoy hechado
al pie de la cascada, en la hierba que se
eleva sobre mi, y que mi vista, acercandose
de este modo á la tierra, descubre mil pequeñas yerbas de todas especies : quando
contemplo mas de cerca este pequeño mundo
que hormiguea entre las espigas, las inu-
merables formas, y la inperceptible variedad
de gusanillos y de insectos; y que siento en
mi la presencia del ente todo-poderoso que
nos ha formado á su imagen, y cuyo aliento
nos sostiene, nos arrebata al seno de esta
fuente eterna de placeres : amigo quando
tengo la vista fixa en estos objetos, y que
este grande y vasto universo va á gravarse
en mi alma, como la imagen de una esposa
querida : entonces siento que mis deseos se
inflaman, y me digo á mi mismo. Porque
no te es dado, expresar lo que sientes con
tanta fuerza ! Exhalar sobre el papel lo que
tanto te penetra, tanto te anima, y hacerlo
de este modo el espejo del ente eterno !
Amigo.... Pero yo conozco que cedo á la
grandeza de tan sublimes y magestuosas
imagenes.

LETTRE III.

Le 12 mai.

Je ne sais si ce sont quelques esprits d'illusion qui errent dans cette contrée, ou si c'est l'imagination céleste qui s'est emparée de mon cœur, et qui donne un air de paradis à tout ce qui m'environne. Tout près d'ici est une source, une source où je suis ensorcelé comme Mélusine ¹ avec ses sœurs. Tu descends une petite colline, et tu te trouves devant une voûte profonde d'environ vingt marches, au bas de laquelle l'eau la plus pure tombe goutte à goutte à travers le marbre. Le petit mur qui environne cette grotte, les arbres élevés qui la couvrent, la fraîcheur de l'endroit, tout inspire je ne sais quel sentiment de vénération et d'horreur.

---

¹ Femme de la maison de Lusignan, au sujet de laquelle on a fait bien des contes. On dit que cette fée, moitié femme et moitié serpent, bâtit le château de Lusignan, qu'on estimoit imprenable ; et qu'elle avoit coutume de paroître sur la grande tour quand il devoit mourir quelqu'un de cette maison. *Voyez* le dictionnaire de Moréri, à l'article Lusignan.

CARTA III.

12 de mayo.

No sé si algunos espiritus vagan en estas regiones, ó si la imaginacion celestial se ha apoderado de mi corazon, para dar un ayre de gloria, á quanto me rodea. Cerca de aqui hay una fuente donde yo estoy encantado como Melusina [1] con sus hermanas. Bajas una pequeña colina, y te hallas delante de una gruta profunda de cerca de veynte escalones, en cuyo fondo, una agua pura, se escurre gota á gota por entre el marmol. La pequeña muralla que rodea esta gruta, los arboles elevados que la cubren, la frescura del sitio, todo inspira un cierto espiritu de veneracion y de horror. No hay dia alguno que yo no pase una hora entera. Las

---

[1] Muger de la familia de los Lusinanes, sobre la qual se han inventado varias fabulas. Se dice que esta Hada mitad muger, mitad serpiente, edificó el castillo de Lusinan, que pasaba por inexpugnable; y que acostunbraba á aparecerse en la torre principal, quando alguno de la casa devia morir. Vease el diccionario de Moréri, articulo Lusinan.

Il n'y a point de jour que je n'y passe une heure. Les jeunes filles de la ville viennent y puiser de l'eau : fonction la plus basse, mais la plus utile, et que les filles même des rois ne rougissoient point jadis de remplir. Lorsque j'y suis assis, l'idée de la vie patriarchale revit en moi : il me semble voir ces vieillards faire connoissance à la fontaine, et se demander mutuellement leurs filles pour leurs fils; je crois voir ces esprits bienfaisants qui errent autour des puits et des sources. Celui qui ne sent pas la chose comme moi ne s'est jamais reposé au courant d'une onde pure, après une journée de marche, pendant les chaleurs brûlantes de l'été.

LETTRE IV.

Le 13 mai.

Tu me demandes si je veux que tu m'envoies mes livres? Au nom de Dieu, mon ami, laisse-moi respirer. Je ne veux plus être conduit, excité, aiguillonné. Mon cœur est un torrent qui roule avec assez de véhémence. Il me faut un chant de berceau; je

doncellas del pueblo, vienen aqui por agua :
exercicio bajo y penoso, pero util, y que
en otro tiempo las hijas mismas de los
reyes no se avergonzaban de hacer. Quando
estoy sentado en este sitio, renaze en mi
la idea de la vida patriarchâl : me parece
que veo aquellos ancianos que forman sus
amistades en la fuente, y se piden mutuamente sus hijas para casarlas con sus hijos :
creo ver, aquellos genios beneficos que vagan
al rededor de los pozos y de las fuentes. El
que no siente esto como yo lo siento , no
há reposado jamas junto á la corriente de
una onda pura, despues de un dia de marcha,
en los ardientes calores del estío.

CARTA IV.

13 de mayo.

Me preguntas, si quiero que me embies
mis libros ? Por Dios, amigo, que me dexes
respirar. No quiero ser conducido, excitado,
aguijoneado. Mi corazon es un torrente que
se arroja con demasiada fuerza. Necesito
canciones que mitiguen su vehemencia; las

l'ai trouvé dans la plus grande abondance dans mon Homère. Combien de fois n'ai-je pas recours à ce chant, pour appaiser le bouillonnement de mon sang! Car tu n'as rien vu de si inégal, de si inquiet que mon cœur. Ai-je besoin de te le dire, à toi qui as eu si souvent le déplaisir de me voir passer tout à coup de la tristesse aux transports de la joie, et d'une douce mélancolie à une passion funeste! Je traite mon cœur comme un enfant malade; tout ce qu'il veut lui est accordé. Ne dis cela à personne; il y a des gens qui m'en feroient un crime.

LETTRE V.

Le 15 mai.

Je suis déjà connu ici des petites gens, qui m'aiment beaucoup, et sur-tout les enfans. J'ai fait une fâcheuse observation : lorsque je me mêlois avec eux dans le commencement, et que je les questionnois avec amitié sur une chose ou sur l'autre, quelques-uns d'entre eux me renvoyoient brusquement, dans l'idée que je voulois me moquer d'eux. Je ne me rebutois pas pour cela ; mais je

hé hallado, con la mayor abundancia, en Homero. Quantas veces, no me sucede recurrir á sus versos, para apagar el ardor de mi sangre !· Porque jamas havras tu visto cosa tan desigual, tan inquieta como mi corazon. Necesitaré yo decirlo á ti que has tenido tantas veces el disgusto de verme pasar de repente de la tristeza á la alegria mas arrebatada, y de una dulce melancolia á una ·pasion funesta? Trato à mi corazon como á un niño enfermo; le concedo, quanto pide. No lo digas á nadie; por que hay personas que me lo acusarian como un crimen.

CARTA V.

15 de mayo.

M<small>E</small> he dado ya á conocer aqui á varias personas que me aman mucho, y sobre todo á los muchachos. He hecho una triste observacion. Quando comenzé á mezclarme con ellos, y ápreguntarles con cariño una ú otra cosa, algunos de ellos me respondian con enfado creyendo que yo queria burlarme de ellos. No por esto me desanimaba : pero se me representaba con la mayor viveza, lo

sentois bien vivement ce que j'ai plus d'une
fois observé. Les personnes d'un certain rang
se tiendront toujours dans un froid éloignement du petit peuple, comme si elles crai-
gnoient, en s'en rapprochant, de perdre
quelque chose; et puis il y a de certains
étourdis, de mauvais plaisants, qui semblent
ne se rapprocher du peuple que pour mieux
l'accabler du poids de leur fatuité.

Je sais bien que nous ne sommes pas tous
égaux, et que nous ne saurions l'être; mais
il me semble que celui qui croit avoir besoin de se tenir à une certaine distance de
ce qu'il appelle le peuple, pour s'en faire
respecter, n'a pas moins de tort qu'un poltron
qui se cache de son adversaire, parce qu'il
craint de succomber.

J'ai été dernièrement à la fontaine, et j'y
ai trouvé une jeune servante qui avoit posé
son vase sur la dernière marche; elle regar-
doit autour d'elle pour voir si elle n'apper-
cevroit pas quelqu'une de ses amies qui pût
lui aider à le mettre sur sa tête. Je suis des-
cendu; et, après l'avoir considérée un instant : — Ma mie, lui ai-je dit, voulez-vous
que je vous aide? — Oh! monsieur, a-t-elle
répondu en rougissant.... — Allons, sans
façon. Elle a posé son rouleau, je lui ai aidé

que tantas veces hé observado. Las personas de un cierto rango se mantendran siempre friamente alejados de la clase inferior del pueblo, como sí temiesen perder algo, acercandose á ella : hay ademas de eso, ciertos troneras, ciertos bufones, que solo parecen acercarse al pueblo, para poderle oprimir mejor con el peso de su fatuidad.

Se muy bien, que ni todos somos iguales, ni tampoco podremos serlo; pero me parece que el que cree tener necesitad de mantenerse á una cierta distancia, de lo que se llama pueblo, para hacerse respetar, lo equivoca tanto como el cobarde que se esconde de su contrario por que teme ser vencido.

Poco ha estubé en la fuente, y hallé una criadita joven, que havia puesto su cantaro sobre el ultimo escalon. Miraba á todos lados por si veia alguna amiga que la ayudase á ponerlo sobre su cabeza; yo bajé, y despues de haverla contemplado un ligero instante:

—Amiguita, la dixé, quieres que te ayude?...
—Oh ! señor, respondió avergonzada....
—Vamos, sin ceremonia. Entonces yo la

à mettre son vase sur sa tête, elle m'a remercié, puis elle est remontée.

***

LETTRE VI.

Du 17 mai.

J'AI fait des connoissances de toute espèce; mais je n'ai encore pu trouver aucune société. Il faut que j'aie je ne sais quoi d'attrayant aux yeux des hommes, tant ils me recherchent avec empressement! Ils sont, pour ainsi dire, pendus autour de moi; et je suis bien fâché toutes les fois que notre chemin ne nous permet pas long-temps d'aller ensemble. Si tu me demandes comment les hommes sont ici, je te dirai qu'ils y sont comme par-tout ailleurs. L'espèce est uniforme. La plupart travaillent une bonne partie du jour pour gagner leur vie; et le peu de liberté qui leur reste les tourmente au point, qu'ils cherchent tous les moyens possibles pour s'en délivrer. O destinée de l'homme!

Au reste, ce sont d'assez bonnes gens. Lorsque je m'oublie quelquefois, et que je me livre avec eux à la jouissance des plaisirs

ayudé á poner el cantaro sobre su cabeza ;
diome gracias , y se fué.

CARTA VI.

17 de mayo.

HE hecho conocimientos de todos generos,
pero ahun no he formado ninguna sociedad.
Yo devo tener algun atractivo para los hombres segun la apresuracion con que buscan
mi amistad. Estan por decirlo asi, colgados
de mis labios; y yo siento realmente quando
el camino no nos permite ir mucho tiempo
juntos. Si me preguntas como son aqui los
hombres, te diré que son como en todas las
demas partes. La especie es uniforme. La
mayor parte trabajan una buena parte del
dia para ganar su vida; y la poca libertad
que les queda., les atormenta en terminos
que buscan todos los medios posibles de per-
derla. Oh suerte de los humanos !

Por lo demas, son muy buenas gentes.
Quando algunas veces me abandono, por
descuydo, á los placeres que áun quedan

qui restent encore aux hommes, comme de
s'amuser avec cordialité autour d'une table
bien servie, d'arranger une partie de promenade en voiture, un bal ou autres choses
semblables, cela produit sur moi un effet
très-agréable; mais il ne faut pas qu'il me
vienne alors dans la pensée qu'il y a en moi
tant d'autres facultés dont les ressorts se
rouillent faute d'être mis en jeu, et qu'il
faut que je cache avec le plus grand soin.
Ah! que cela est bien propre à resserrer le
cœur! et cependant c'est le sort d'un de nous
d'être mal jugé!

Hélas! pourquoi l'amie de ma jeunesse
n'est-elle plus? Pourquoi l'ai-je jamais con-
nue? Je me dirois: Insensé! tu cherches
ce qui n'est point ici-bas. Mais je l'ai eue;
mais j'ai senti ce cœur, cette ame noble,
en présence de qui je paroissois à mes yeux
plus que je n'étois, parce que j'étois tout ce
que je pouvois être. Dieu sensible! y avoit-
il alors une seule de mes facultés qui ne fût
employée? Ne pouvois-je pas développer
devant elle ce toucher merveilleux avec lequel mon cœur embrasse toute la nature?
Notre commerce n'étoit-il pas un tissu con-
tinuel du sentiment le plus raffiné, de l'es-

á los hombres, como es el divertirse cordialmente al rededor de una mesa bien servida, disponer un paseo en carruage, un bayle, ó cosa semejante, esto produce en mi un efecto muy agradable : pero es necesario que no se me ocurra entonces á la idea que hay en mi tantas otras facultades, cuyos resortes se entorpecen por no exercitarse, y los que devo ocultar con el mayor cuydado. Ah ! quan propio es esto para ahogar el corazon ! Y sin embargo la suerte de uno de nosotros es el ser mal juzgados.

Ah ! porque la amiga de mi juventud no existe ya ? Porque la he conocido ? Me diré : Ynsensato ! tu buscas lo que no se halla aqui bajo. Pero yo lo he hallado : pero yo he experimentado aquel corazon, aquella alma noble, en cuya presencia yo parecia á mis ojos mas de lo que yo era, porque yo era quanto podia ser. Dios sensible ! tenia yo una facultad sola que no estubiese empleada ? No podia yo desplegar en su presencia este maravilloso tacto, por cuyo medio mi corazon abraza la naturaleza entera ? Nuestro trato no era un texido continuo de las mas finas sensaciones, del espiritu mas sutil, cuyas modificaciones, hasta.... Todas

prit le plus subtil dont toutes les modifica-
tions, jusques.... Toutes étoient marquées
au coin du génie. Et maintenant.... Hélas !
quelques années qu'elle avoit de plus que
moi l'ont conduite avant moi au tombeau.
Jamais je ne l'oublierai ; jamais je n'oublierai cette fermeté d'ame et ce courage plus
qu'humain avec lequel elle savoit souffrir.

J'ai trouvé, il y a quelques jours, un
certain V.... C'est un garçon ouvert, et
qui a la physionomie fort heureuse. Il sort
de l'académie ; et, quoiqu'il ne se regarde
pas comme un savant, il se croit pourtant
plus instruit qu'un autre. D'après toutes mes
observations, j'ai vu que c'étoit un jeune
homme appliqué. Bref, il a des connoissances. Dès qu'il a eu appris que je dessinois,
et que je savois le grec, deux phénomènes
dans ce pays-ci, il s'est attaché à moi, m'a
étalé beaucoup de savoir, depuis Batteux
jusqu'à Wood, depuis de Piles jusqu'à Winkelmann ; et il m'a assuré qu'il avoit lu toute
la première partie de la théorie de Sulzer,
et qu'il possédoit un manuscrit de Heyn
sur l'étude de la tranquillité. Je l'ai laissé
parler.

J'ai fait encore la connoissance d'un digne
mortel, le bailli ; c'est un homme franc et

tenian el sello del talento ! Y ahora....
Ah ! algunos años que ella tenian mas que
yo, la han conducido antes que yo al sepulcro. Jamas olbidaré, jamas olbidaré
aquella firmeza de alma, y aquel animo
mas que humano con que sabía sufrir.

Hace algunos dias que he hallado á un
cierto V.... Es un joven muy franco, y
de una fisonomia muy feliz. Sale del colegio : y ahun que no se creé un sabio, se
creé no obstante, mas instruido que muchos
otros. He visto despues de algunas observaciones, que es un joven bastante aplicado :
en una palabra, tiene algunas luzes. De que
ha llegado á entender, que yo dibujo, y
que sé el griego, dos fenomenos raros en
este pays, se ha unido mas conmigo, y ha
hecho ostentacion de mucha erudicion,
contando desde *Batteux* hasta *Wood*, desde
Piles hasta *Winkelmann* ; y ahun me ha
asegurado que havia leydo toda la primera
parte de la teoria de Sulzer, y que poseía
n manuscrito de *Heyne* sobre el estudio de
la antigüedad. Yo le dejaba hablar.

Tambien he hecho amistad con un hombre muy digno de ser estimado, el *bally* ;

loyal. On dit que c'est un spectacle touchant de le voir au milieu de ses neuf enfants; sa fille aînée sur-tout fait beaucoup de bruit. Il m'a prié d'aller le voir, et je dois un de ces jours lui rendre ma première visite. Il demeure à une lieue et demie d'ici, à une maison de chasse du prince, où, après la mort de sa femme, il a obtenu la permission de se retirer, ne pouvant plus supporter le séjour d'une ville, et sur-tout d'une maison qui lui rappeloit sans cesse la perte qu'il avoit faite.

Du reste, j'ai trouvé ici plusieurs originaux en caricature, qui sont en tout insupportables, et dont les protestations d'amitié, sur-tout, vous excèdent.

Adieu. Cette lettre te plaira; elle est toute historique.

LETTRE VII.

Le 22 mai.

D'AUTRES ont dit avant moi que la vie n'est qu'un songe; et c'est un sentiment qui me suit par-tout. Quand je considère les bornes étroites qui resserrent les facultés

hombre franco y léal. Dicen que es cosa muy tierna, el verle en medio de sus nueve hijos. Sobre todo, hablan mucho de su hija mayor. Me ha suplicado que pase á verle, y uno de estos dias devo hacerle mi primera visita : vive á una legua y media de aquí, en una casa destinada para la del príncipe, en donde, despues de la muerte de su muger, ha obtenido el permiso de retirarse, pues no podia soportar el vivir en la ciudad, y sobre todo en una casa, que á cada instante le hacia acordar de la perdida que ha sufrido.

He hallado, tambien, aquí muchos caracteres originales y raros, que son enteramente insoportables, y cuyas protestas de amistad abruman.

A Dios, esta carta te agradará ; es toda historica.

CARTA VII.

22 de mayo.

OTROS han dicho antes que yo, que la vida no es mas que un sueño, y esta idea me persigue en todas partes. Quando considero los estrechos límites que encierran las

actives et spéculatives de l'homme; quand
je vois que toute notre activité ne tend qu'à
satisfaire des besoins qui, à leur tour, n'ont
d'autre but que de prolonger notre malheu-
reuse existence, et que toute notre tranquillité, sur certains points de nos recherches,
n'est qu'une résignation fantastique où nous
peignons mille figures bigarrées, et les points
de vue les plus piquants sur les murs qui nous
tiennent enfermés ; tout cela, Guillaume,
me rend muet. Je rentre en moi-même, et
j'y trouve un monde ; mais, semblable au
monde extérieur, il se manifeste moins par
la réalité que par un pressentiment vague,
un desir que j'ai peine à démêler. Bientôt
ces chimères de mon imagination s'évanouis-
sent; je souris, et je continue mon premier
rêve.

Que les enfants ne connoissent point les
motifs de leur volonté, c'est un point sur
lequel tous les pédants sont d'accord; mais
que les hommes faits se traînent, en chan-
celant, sur le globe, comme les enfants;
que, comme eux, ils ne sachent d'où ils
viennent, ni où ils vont; qu'ils n'aient point
de but plus certain dans leurs actions, et

facultades activas y especulativas del hombre; quando veo que toda nuestra actividad no se dirije mas que á satisfacer nuestras necesidades, las que, á su turno, no tienen mas objeto que el de prolongar nuestra triste existencia, y que toda nuestra tranquilidad, sobre ciertos puntos de nuestras investigaciones, no es mas que una resignacion fantastica, en la que nos formamos mil imagenes caprichosas, y los puntos de vista mas interesantes, sobre las murallas, en las que estamos encerrados; todo esto, amigo Guillermo, me hace volver mudo. Entro en mi mismo, y hallo un mundo; pero semejante al mundo exterior, se manifiesta áun menos por la realidad, que por un presentimiento vago, un deseo, que no puedo explicar. Bien pronto se desvanecen estas quimeras de mi imaginacion; me sonrio, y continúo mi primer sueño.

Todos los pedantes convienen en que los niños no conocen los motivos de su voluntad; pero el que los hombres formados se arrastren, titubeando, sobre el globo, como los niños; que ignoren como ellos de dónde vienen, y donde van; que no tengan un fin mas cierto en sus acciones, y que como á ellos, se le govierne con golosinas, con

qu'on les gouverne de même avec du biscuit,
du gâteau et des verges, c'est ce que personne ne croira volontiers ; et cependant la
chose me paroît palpable.

Je t'avoue sans peine, car je sais ce que
tu pourrois me dire là-dessus, que ceux-là
sont les plus heureux qui, comme les enfants, ne vivent que pour le présent, pro-
mènent, déshabillent, habillent leur poupée,
tournent avec le plus grand respect autour
du tiroir où maman renferme ses bonbons,
et qui, lorsqu'ils attrapent ce qu'ils desirent,
le dévorent avidement, et s'écrient : Encore !
Ce sont là sans doute de fortunées créatures.
Heureux encore ceux qui, donnant à leurs
occupations futiles, ou même à leurs passions, des titres pompeux, les passent en
compte au genre humain, comme des opé-
rations de géants, pour son salut et son bien-
être ! Heureux qui peut penser ainsi ! Mais
celui qui, dans l'humilité de son cœur, voit
où tout cela aboutit ; qui voit comme ce
petit bourgeois, qui est content, décore son
petit jardin dont il fait un paradis, et avec
quelle assiduité le malheureux, courbé sous
le poids de sa misère, poursuit son chemin
tout hors d'haleine ; qui voit, dis-je, que
tous sont également intéressés à contempler

juguetes, y con azotes, esto tal vez no lo creéran muchos; y sin embargo no hay cosa mas palpable.

Te confieso, sin pena alguna, porque sé quanto sobre esto tu podras decirme, que son mas felices aquellos que como los niños, solo viven para el tiempo presente, paséan, visten, desnudan su muñeca, dan vueltas al rédedor del armario donde madre encierra sus dulces, y quando han logrado lo que deséan, lo devoran con ansia, y gritan por mas! No hay duda en que estas son unas criaturas muy felices! Felices tambien aquellos que decoran sus futiles ocupaciones, ô tal vez sus pasiones, de titulos pomposos, y pretenden que el genero humano se las deve agradecer, como unos esfuerzos gigantescos, hechos para su salud y su beneficio. Feliz el que puede pensar de este modo! Pero aquel, que en la humildad de su corazon ve á donde para todo esto: que ve como el ciudadano que esta contento, adorna su jardinito que es, para el, un paraiso, y con que teson el infeliz trabajador encorbado bajo el peso de su miseria, prosigue su carrera, quasi sin aliento: que ve, digo, que todos tienen igual interes en contemplar

une minute de plus la lumière de ce soleil ;
oui, celui - là est tranquille ; il bâtit son
monde de lui-même, et est aussi heureux,
parce qu'il est homme. Quelque borné qu'il
soit, il nourrit toujours au fond de son cœur
le doux sentiment de la liberté, parce qu'il
pourra quitter ce chaos quand il voudra.

LETTRE VIII.

Du 26 mai.

Tu connois depuis long-temps ma manière
de me loger ; tu sais que je choisis des en-
droits solitaires où je puisse passer des moments isolés. J'ai trouvé ici un petit endroit
qui m'a attiré.

Environ à une lieue de la ville est un endroit qu'on appelle Wahleim. La situation,
auprès d'une colline, en est fort intéressante ;
et, lorsqu'on sort du village par le sentier,
on découvre d'un coup d'œil toute la vallée.
Une bonne femme complaisante, et vive
encore pour son âge, vend du vin, de la
bière et du café ; mais, ce qui me plaît davantage que tout cela, ce sont deux tilleuls ;

un minuto mas, la luz del sol : si, este
esta tranquilo; forma un nuevo mundo, en
si mismo, y es tambien feliz, porque es
hombre. Por muy sugeto que se halle,
siempre conserva en el fondo de su corazon
la dulce idea de la libertad, y que podrá
salir de esta prision, quando quiera.

CARTA VIII.

26 de mayo.

Mucho tiempo ha que conoces mi modo
de alojarme : sabes que escojo los parajes
solitarios, en donde pueda pasar mis instantes enteramente aislado. He hallado aqui
un paraje pequeño en verdad, pero que ha
llamado mi atencion.

Como á una legua de la ciudad, hay un
sitio que se llama Wahleim. Su situacion
cerca de una colina le hace muy interes-
sante : y quando se sale de la aldea por una
sendita, se descubre de una ojéada, todo el
valle. Una buena muger muy agradable, y
de bastante viveza para su edad, vende vino,
cerveza, y café : pero lo que me agrada
aun mas, son dos tilos, cuyas extendidas

2 *

dont les rameaux étendus couvrent la petite
place devant l'église, qui est environnée de
chaumières et de granges. Ce n'a pas été
sans peine que j'ai trouvé un endroit aussi
solitaire et aussi retiré; j'y ai fait porter,
de la maison de l'hôtesse, ma petite table,
avec ma chaise, et j'y prends mon café, et
y lis mon Homère. La première fois que,
l'après-midi d'un beau jour, le hasard me
conduisit sous ces tilleuls, la petite place
étoit déserte; tous les paysans étoient aux
champs. Il n'y avoit qu'un petit garçon d'environ quatre ans, qui étoit assis à terre; il
soutenoit entre ses bras un autre enfant de
six mois, assis entre ses jambes, et appuyé
contre sa poitrine, de manière qu'il lui ser-
voit comme de chaise; et, malgré la vivacité avec laquelle ses yeux noirs regardoient
autour de lui, il se tenoit fort tranquille. Ce
spectacle me fit plaisir; je m'assis sur une
charrue qui étoit tout auprès, et je dessinai
cette attitude fraternelle avec la plus grande
satisfaction : j'y ajoutai un bout de haie, la
porte d'une grange, et quelques débris de
roues de charrette, dans le même désordre
où tout cela se trouvoit; en sorte qu'au bout
d'une heure je me trouvai avoir fait un petit
dessin d'une composition agréable et inté-

ramas cubren la plazetuela que hay delante
de la yglesia, y la qual esta toda cercada de
cavañas, y de alquerias. No ha dejado de
costarme trabajo el hallar un paraje tan
solitario y tan retirado : he hecho llevar á
el, de casa de mi huespeda, mi mesita con
mi silla, y alli tomo el café, y leo á Homero. La primera vez que la casualidad
me condujó bajo de estos tilos, era la siesta
de un hermoso dia; los aldéanos estaban en
el campo; y la plaza se hallaba enteramente
desierta. Solo hallé un muchachito, de unos
quatro años de edad, que estaba sentado sobre
el suelo : tenia en sus brazos un niño de seis
meses, el qual estaba sentado entre sus pier-
nas, y apoyado en su pecho, de modo que
le servia como de un asiento : y á pesar de
la viveza con que sus negros ojos miraban
á su rededor, parecia en todo bastante tranquilo. Agradóme este espectaculo. Sentéme
sobre un arado, que estaba cerca, y dibujé
esta actitud fraternal, con la mayor satisfaccion; añadi algunos matorrales ó cer-
cados, la puerta de una alqueria, algunos
trozos de ruedad de carreta, todo en el
mismo desorden en que realmente se hallaba : de modo, que á el cabo de una hora,
vi que havia hecho una composicion agra-

ressante, sans y avoir rien mis du mien.
Cela me confirma dans ma résolution de ne
consulter désormais que la nature ; elle seule
est d'une richesse inépuisable, elle seule
peut former les grands artistes. Il y a beaucoup de choses à dire en faveur des règles,
à peu près ce qu'on pourroit avancer en faveur de la société civile : un homme qui se
forme d'après les règles ne produira jamais
rien d'absolument mauvais ; de même celui
qui se modèle sur les lois et sur la bienséance
ne peut jamais être un voisin insupportable,
ni un fripon célèbre. Mais, quoi qu'on en
dise, toute règle ne sert qu'à détruire le
vrai sentiment et l'expression de la nature.
Non, je n'avance rien de trop, elle ne fait
que contraindre ; elle émonde, etc. Mon cher
ami, puis-je te faire une comparaison ? Il
en est de cela comme de l'amour : un jeune
cœur est attaché à une belle ; il passe toutes
les heures du jour auprès d'elle, et prodigue
toutes ses forces et tout son bien pour lui
prouver à chaque instant qu'il se donne à
elle sans réserve. Qu'un petit bourgeois en
place vienne dire à cet amant : « Jeune
« homme, aimer est humain ; vous devez
« donc aimer par humanité. Partagez vos
« heures, donnez-en une partie au travail,

dable é interesante, sin haver añadido nada
de mi propia invencion. Esto me ha con-
firmado en mi resolucion de no consultar
desde hoy en adelante, mas que la naturaleza. Ella es por si sola de una riqueza ina-
gotable, y ella sola puede formar los grandes
artistas. Muchas cosas se pueden decir en
favor de las reglas ; y quasi lo mismo que
se puede sostener en favor de la sociedad
civil. Un hombre que se forme segun las
reglas, no producirá jamas nada que sea
absolutamente malo ; del mismo modo que
el que se modele segun las leyes y la buena
crianza, no puede ser jamas un vecino insoportable, ni un gran bribon. Pero digan
lo que digan, las reglas no sirven mas que
para destruir los verdaderos sentimientos,
y las expresiones de la naturaleza. No, nada
añado, que deva parecer demas : las reglas
no hacen mas que ahogar, apagar, etc.
Querido amigo, permiteme hacer una
comparacion. Sucede en esto, lo que en el
amor. Un corazon nuevo se enamora de una
joven, pasa todas las horas del dia á su lado,
la prodiga todas sus fuerzas, y todos sus
bienes para probarla á cada instante que se
da á ella sin reserva alguna. Que un seño-
rito, empleado, venga á decir á este amante:

« et n'accordez à votre belle que vos instants
« de récréation. Comptez avec vous-même;
« et si, après les frais du nécessaire, il vous
« reste quelque chose, je ne vous défends
« pas de lui faire un petit présent, pourvu
« que cela n'arrive pas trop souvent : le jour
« de sa naissance, de sa fête, etc. » Que le
jeune homme suive ces sages avis, ce sera
sans doute un sujet fort utile, et je conseil-
lerai même à chaque prince de le placer
dans un collége; mais c'en est fait de son
amour; et, si c'est un artiste, il a manqué
son talent. O mes amis! pourquoi le fleuve
du génie se déborde-t-il si rarement? Pourquoi si rarement le voyez-vous soulever ses
flots impétueux, et porter des secousses dans
vos ames étonnées? Mes chers amis, les
personnages flegmatiques demeurent sur les
deux côtés du rivage; ils savent que ses inon-
dations détruiroient leurs maisonnettes, leurs
planches de tulipes, leurs potagers; et, à
force de détourner son cours et de lui oppo-
ser des digues, ils préviennent d'avance le
danger qui les menace.

« Escucha joven el amar es de hombres,
« y deves amar por humanidad. Divide tu
« tiempo, dedica una parte al trabajo; y
« concede solo á tu querida, los instantes
« de recreo. Cuenta contigo mismo; y si
« despues de tus gastos precisos, te queda
« algo, yo no te prohibo el que la hagas un
« regalito, con tal que no sea muy á menudo,
« y si solo el dia de su santo, de su fiesta, etc. »
Si el joven sigue estos sabios consejos no hay
duda en que sera un sujeto muy util, y áun
yo aconsejaria á su soberano, que lo colo-
case en un colegio; pero, acabóse el amor;
y si es un artista perdió tambien su talento.
O amigos mios! porque el rio del ingenio
se sale de madre, tan pocas veces? Porque
tan pocas veces le veis elevar sus impetuosas
olas, y commover vuestras almas llenas de
admiracion? Queridos amigos, las personas
flematicas habitan en las dos orillas: sa-
ben que sus inundaciones destruirian sus
caserios, sus jardines, y sus huertas; á
fuerza de séparar su corriente, y de oponerle
diques, previenen de antemano, el peligro
que les amenaza.

LETTRE IX.

Le 27 mai.

Je suis tombé, à ce que je vois, dans l'enthousiasme, dans les comparaisons, dans les déclamations; et cela m'a fait oublier de te dire ce que devinrent les deux enfants. Je restai bien deux heures assis sur ma charrue, et enfoncé dans les idées pittoresques, que je t'expose d'une manière assez décousue dans ma lettre d'hier. Sur le soir une jeune femme vint droit aux enfants, qui, pendant tout ce temps-là, ne s'étoient point dérangés. Elle tenoit un panier à son bras. « Philippe, cria-t-elle de loin, tu es un bon garçon. » Elle me salua; je lui rendis son salut, me levai, m'approchai d'elle, et lui demandai si elle étoit la mère de ces enfants. Elle me dit qu'oui; et, après avoir donné la moitié d'un petit pain au plus grand, elle prit l'autre dans ses bras, et le baisa avec toute la tendresse d'une mère. « J'ai donné, « dit-elle, le petit en garde à mon Philippe, « et j'ai été à la ville avec mon aîné, pour « y acheter du pain blanc, du sucre et un

CARTA IX.

27 de mayo.

He caydo, á lo que veo, en el entusiasmo, en las comparaciones, en las declamaciones, y esto me ha hecho olbidar el decirte, lo que fue de los dos muchachos. Permanecí sentado unas dos horas sobre el arado, distraydo en las ideas pintorescas que te dijé en un estilo tan desaliñado, en mi carta de hayer. Una joven, vino por la tarde á ver los muchachos los que en todo aquel tiempo no se havian movido de su puesto. La joven tenia una cestita en el brazo. «Felipe, dijó gritando desde léjos, enverdad que eres un buen muchacho.» Saludóme : volvila el saludo, me levanté, me acerqué á ella, y la pregunté si era la madre de aquellas criaturas. Me dijó que si : y despues de haver dado medio panecillo á el mayor, tomó el otro en sus brazos, y le besó con toda la ternura maternal. «He dado, me dijó, el «niño pequeño, á Felipe para que me lo «cuyde; y yo he estado en la ciudad con «el mayor, á comprar pan blanco, azucar,

« poêlon de terre. » (Je vis tout cela dans
son panier, dont le couvercle étoit tombé.)
« Je veux faire ce soir une petite soupe à
« Jean (c'est le nom du petit). Le fripon
« d'aîné me cassa hier mon poêlon en se dis-
« putant avec le pauvre Philippe pour le
« gratin de la bouillie. » Je demandai où
étoit l'aîné ; et elle m'avoit à peine répondu
qu'il étoit à courir dans la plaine après deux
oies, qu'il vint à nous en sautant, et apporta
au second une baguette. Je continuai de
m'entretenir avec cette femme ; et j'appris
qu'elle étoit fille du maître d'école, et que
son mari étoit allé en Suisse pour y recueillir une succession. « On vouloit, dit-elle,
« l'en frustrer ; on ne faisoit point de réponse
« à ses lettres, et il s'est transporté lui-même
« sur les lieux. Pourvu qu'il ne lui soit rien
« arrivé ! Je n'en reçois point de nouvelles. »
Il m'en coûta de me séparer d'elle. Je donnai un crutz à chacun de ses enfants ; j'en
donnai aussi un à la mère pour le petit, en
lui disant de lui acheter, lorsqu'elle iroit à
la ville, un petit pain pour la soupe ; ensuite
nous prîmes congé l'un de l'autre.

« yo uno olla de barro. » (Todo esto se veia en su canastillo, cuya tapa se habia caido.) « Esta noche quiero dar de cenar á Juanito « (nombre del niño pequeño). El mayor « es un picarillo que me rompió hayer la « olla, peleandose con el pobre Felipe por « arrebañarla. » Pregunté que adonde estaba el mayor : y apenas la muger me havia respondido, que estaba en el llano, corriendo de tras de dos patos, quando vinó hacia nosotros saltando, y brincando, y trajó al Felipe una varilla. Siguío hablando con la muger, y supé de ella que era hija de un maestro de escuela, y que su marido havia ido à la Suiza para recojer una herencia. « Querian, añadió la muger, privarle de « ella : no daban respuesta alguna á sus « cartas ; y por esta razon ha querido pasar « el mismo en persona. Con tal que no le « haya sucedido nada de cuydado ! Es ver- « dad, que aun no he tenido noticia alguna « de el. » Mucho me costó el separarme de esta muger. Di algunas monedas á cada uno de los muchachos : y á la madre, para el niño pequeño, diciendola que le comprase, quando fuese á la ciudad, una tortita, de mi parte : y luego nos separamos, haviendonos saludado mutuamente.

Je te l'avoue, mon cher ami, lorsque mes sens veulent me maîtriser, j'appaise leur tumulte par la vue d'une semblable créature, qui, dans une heureuse insouciance, parcourt le cercle étroit de son existence, vit tout doucement au jour le jour, et voit tomber les feuilles sans penser à autre chose, sinon que l'hiver approche.

Depuis ce temps-là j'y vais fort souvent. Les enfants sont accoutumés à me voir ; je leur donne du sucre lorsque je prends mon café, et le soir ils partagent avec moi leur beurrée et leur lait caillé. Le dimanche, leur crutz ne leur manque jamais ; et, quand je ne m'y trouve pas après vêpres, l'hôtesse a ordre de le payer.

Ils sont familiers, et me font des contes de toute espèce. Je m'amuse particulièrement de leurs passions, et de la simplicité avec laquelle ils laissent voir leurs desirs lorsque plusieurs enfants du village se rassemblent. J'ai eu bien de la peine à débarrasser la mère de cette inquiétude : « Ils « pourroient incommoder monsieur. »

Te confieso, mi querido amigo, que quando mis sentidos quieren dominarme, apago su vehemencia con solo la vista de una criatura como esta, la que en su feliz dejadez, recorre el circulo estrecho de su existencia, vive con sosiego, sin ínquietarse de lo que será mañana, y ve caer las hojas delos arboles sin pensar sino que el invierno se acerca.

Desde este dia, he ido muchas veces á aquel paraje. Los niños se han acostumbrado á verme. De que tomo café, les doy azucar, y por la tarde ellos parten conmigo su manteca, y su qüajada. Todos los domingos les hago indefectiblemente un regalito, y si yo no estoy en casa, mi ama de govierno, cuyda de que no les falte.

Gastan mucha familiaridad conmigo, y me cuentan de todo genero de cuentos. Lo que mas particularmente me divierte, es el contemplar sus pasiones, y la sencillez con que, quando muchos muchachos de la aldea se juntan, descubren sus deseos. Mucho trabajo me ha costado el hacer que la madre pierda la inquietud con que á cada instante dize: « Podran incomodar al señor. »

LETTRE X.

Le 16 juin.

D'où vient que je ne t'écris pas ? Tu me fais cette question, toi qui te ranges dans la classe des savants ! Tu devrois présumer que je me trouve bien, et même.... Bref, j'ai fait une connoissance qui touche de plus près à mon cœur. J'ai...... je ne sais.

J'aurois bien de la peine à te dire par ordre comment j'ai fait la connoissance de la plus aimable créature. Je suis content et heureux, et d'ailleurs mauvais historien.

Un ange ? Fi ! tout homme en dit autant de sa maîtresse ; et cependant je ne suis pas en état de te dire combien elle est accomplie, pourquoi elle est accomplie : il suffit que tu saches qu'elle a captivé tous mes sens.

Tant de simplicité avec tant d'esprit ; tant de bonté avec tant de fermeté ; et le repos de l'ame au sein de la vie réelle, la vie active.....

Tout ce que je dis d'elle n'est qu'un verbiage maussade, que de froides abstractions, qui ne t'en donneroient pas la moindre idée. Une autre fois.... Non, il faut que je te

CARTA X.

16 de junio,

En que consiste que no te escribo? Tu me haces esta pregunta, tu que te cuentas en la clase de los sabios! Deves presumir que me hallo muy bien : y áun.... En dos palabras, he hecho una amistad que interesa bien de cerca á mi corazon. Yo hé..... no se.

Mucho trabajo me costará el decirte con metodo, como hé conocido á la mas amable criatura. Estoy contento, soy feliz, y me tengo realmente por un mal historiador.

Un angel! Va! Todos dicen lo mismo de su dama; y no obstante, yo no puedo decirte quan perfecta es, y porque es perfecta : basta que sepas que ha esclavizado todos mis sentimientos.

Tanta sencillez, con tanto talento! Tanta bondad con tanta firmeza! Y el sosiego del alma en el seno de la vida réal, de la vida activa.....

Quanto digo de ella, nos es mas que una habladuria tonta, una abstraccion fria, que no puede darte la mas minima idea. Otra vez..,.. No, es menester que te lo cuente

conte le fait tout de suite. Si je remets, il n'y faut plus penser ; car, entre nous, depuis que j'ai commencé cette lettre, j'ai déjà été tenté trois fois de quitter la plume, de faire seller mon cheval, et de partir ; et cependant je me suis juré ce matin de ne point sortir aujourd'hui. A tout moment je vais à ma fenêtre, pour voir combien le soleil est encore élevé.

Je n'ai pu m'en défendre, il m'a fallu y aller. Me voici de retour, mon cher Guillaume, et je vais faire mon petit repas champêtre en t'écrivant. Quel transport pour mon ame que de voir ces frères et sœurs, ces huit enfants si vifs, si aimables, former un cercle autour d'elle !

Si je continue sur le même ton, tu n'en sauras pas plus à la fin qu'au commencement. Écoute donc ; je vais tâcher de me contraindre, et d'entrer dans un détail.

Je t'ai marqué dernièrement comme j'avois fait la connoissance du bailli S,... et comme il m'avoit invité à l'aller voir bientôt dans son hermitage, ou plutôt dans son petit royaume. Je négligeois de faire cette visite ; et peut-être ne l'aurois-je jamais faite, si le hasard ne m'avoit découvert le trésor que cachent ces tranquilles cantons.

en seguida. Si lo dejo, no lo haré nunca : porque para nosotros sea dicho, desde que hé comenzado esta carta, tres veces he tenido intencion de dejar la pluma, hacer ensillar mi caballo, y marcharme; y sin embargo esta mañana he jurado no salir en todo el dia. A cada instante yo me asomo á la ventana, para ver la altura á que se halla el sol.

Ne he podido vencerme; he estado á hacerla una visita.... Vedme ya de vuelta, querido Guillermo. Quiero hacer una cena campestre, y escribirte al mismo tiempo. Que alegria para mi alma, el verla en medio de ocho muchachos, todos hermanos ó hermanas suyas!

Si sigo en este estilo, sabras tanto al fin como al principio : escúchame, procurare sosegarme, y hacerte una menuda relacion de todo.

Te dixé ultimamente como havia hecho amistad con el *bally* S..... Y como me havia convidado á pasar á verle en su hermitita, ó por mejor decir en su reyno. Havia olbidado de hacer esta visita, y tal vez no la havria hecho nunca, si la casualidad no me huviese hecho descubrir el tesoro que oculta este parage solitario.

I. 3

Nos jeunes gens avoient arrangé un bal à la campagne; et je consentis, par complaisance, à être de la partie. J'engageai une jeune fille d'ici, belle, d'un bon caractère, mais sans conséquence, à y venir; il fut arrêté que j'aurois une voiture, que je conduirois ma danseuse et sa tante au lieu de l'assemblée, et que je prendrois en chemin Charlotte S..... « Vous allez faire la con- « noissance d'une belle personne, » me dit ma compagne, lorsqu'au travers d'un bois éclairci et bien percé notre voiture nous conduisoit à la maison de chasse. « N'allez pas en devenir amoureux, » ajouta la tante. — « Pourquoi cela ? — « Elle est déjà pro- « mise à un fort galant homme, que la mort « de son père a obligé de faire un voyage pour « aller mettre ses affaires en ordre, et pour « solliciter une place d'importance. » J'appris ces particularités avec assez d'indifférence.

Le soleil alloit bientôt se coucher derrière la montagne, lorsque notre voiture arrêta à l'entrée de la cour. Il faisoit extrêmement chaud, et les dames témoignèrent leur inquiétude à cause d'un orage qui sembloit se former dans les nuages grisâtres et sombres

La gente joven havia dispuesto un bayle
en una casa de campo; á el que conviné en
asistir. Tomé por compañera á una señorita de la ciudad, hermosa y de buen genio,
pero de un trato indiferente : convínimos
en que yo tomaria un coche, y que condu-
ciria á mi pareja, y á su tia que la acompañaba, á la sala de bayle ; y que de camino, tomariamos con nosotros, á Carlota S...
Quando por un camino ancho y hermoso,
atravesabamos el bosque, y nos acercabamos
á la casa, mi compañera me dixó : « Vaís
« á hacer conocimiento con una muy her-
« mosa persona. Cuidado con enamorarse,
« añadio la tia. — Y porque cuydado, dixe
« yo ! — Porque ya esta prometida á un
« joven de mucho mérito, el que aviendo
« perdido á su padre, ha tenido necesidad
« de hacer un viaje para arreglar sus inte-
« reses, y solicitar algun empleo decente. —
« Yo escuché toda esta relacion con bastante
« indiferencia. »

El sol estaba ya cerca de los montes que
terminan el horizonte, é iba á ocultarse enteramente á nuestra vista, quando el coche
se detubó á la puerta de la casa. Hacia un
calor insufrible, y las señoras demostraban
alguna inquietud temiendo una tempestad

qui bordoient l'horizon. Je dissipai leur
crainte en affectant une grande connoissance
du temps, quoique je commençasse moi-
même à me douter que notre partie en seroit
dérangée.

J'avois mis pied à terre. Une servante,
qui vint à la porte, nous pria d'attendre un
moment, que mademoiselle Lolotte ne tar-
deroit pas à venir. Je passai la cour pour
me rendre à cette jolie maison; je montai
le perron, et, lorsque j'entrai dans l'appar-
tement, mes yeux furent frappés du spectacle le plus touchant que j'aie vu de ma
vie. Six enfants, depuis l'âge de deux ans
jusqu'à onze, s'empressoient dans la première
salle autour d'une jeune personne d'une taille
moyenne, mais bien prise, et vêtue d'une
simple robe blanche garnie de nœuds de
couleur de rose. Elle tenoit un pain bis, dont
elle coupoit, à chacun de ses enfans, un
morceau proportionné à son âge ou à son
appétit. Elle le donnoit d'un air si gracieux !
tandis que ceux-ci lui disoient d'un ton le
plus simple : *Grand merci*, en lui tendant
leur petite main avant même que le morceau
fût coupé. Enfin, contents d'avoir leur goûté,
ils s'en alloient à la porte de la cour, les

que comenzaba á formarse entre las opácas
y cenicientas nubes que cercaban el horizonte. Aunque el corazon me decia que se
aguaria nuestra fiesta, sin embargo disipé
toda la inquietud de mis damas, fingiendo
tener un profundo conocimiento en el tiempo.

Ya habia yo bajado del coche, quando
una criada de la casa vinó á decirnos que
hiciesemos el favor de aguardar un instante,
que su ama iba á venir. Atravesé el patio,
para dirigirme á las habitaciones: subí la
escalera, y al entrar en la primera sala, se
ofreció á mi vista el mas bello espectaculo
que jamas he gozado. Seis niños, desde dos
hasta onze años de edad, rodeaban á una
joven doncella de hermosa y mediana esta-
tura, vestida con una tunica blanca guar-
necida de lazos color de rosa. Tenia en la
mano un pan moreno, del que cortaba á
cada uno de los muchachos un pedazo pro-
porcionado á su edad y á su apetito; partia
el pan con la mayor gracia, y ellos se lo
agradecian, y estendian la mano áun antes
de que les llegase su turno. En fin contentos
con su merienda se iban los unos saltando,
los otros con mas sosiego, segun que su
genio era mas ó menos vívo, dirigiéndose
todos, á la puerta del patio para ver á los

ans en sautant, les autres d'une manière plus
posée, selon qu'ils étoient d'un caractère
plus ou moins vif, pour voir les étrangers,
et la voiture qui devoit emmener leur chère
Lolotte. « Je vous demande pardon, me
« dit-elle, de vous avoir donné la peine de
« monter, et de faire attendre ces dames.
« Occupée de m'habiller, et des petits soins
« de ménage qu'exige mon absence, j'avois
« oublié de donner à goûter à mes enfants;
« et ils ne veulent pas que personne que moi
« leur coupe du pain. » Je lui fis un compli-
ment qui ne signifioit rien. Mon ame repo-
soit toute entière sur sa figure, ravie du son
de sa voix, de ses manières; et je n'eus que
le temps qu'il me falloit pour prévenir ma dé-
faite, lorsqu'elle courut dans une autre chambre pour y prendre ses gants et son éventail.
Les enfants me regardoient de côté à une
certaine distance; je m'avançai vers le plus
jeune, qui avoit la physionomie la plus heureuse. Il reculoit pour m'éviter, lorsque
Lolotte, qui parut à la porte, lui dit: « Louis,
« donne la main à ton cousin. » Il me la
donna franchement; et, malgré son petit
nez morveux, je ne pus m'empêcher de le
baiser de tout mon cœur. Cousin? dis-je
ensuite à Lolotte, en lui tendant la main,

señores, y el coche que devia llevarse á su querida Carlota. « Me perdonareís, me dixo « esta al saludarme, de haveros hecho tomar « la pena de subir, y de haver hecho aguar- « dar á esas señoras. Distraida en vestirme, « y en dar las disposiciones domesticas, que « exige mi ausencia, habia olbídado dar de « merendar á los muchachos; y estos no « quieren que nadie, sino yo les corte el « pan. » La respondi con un cumplímiento que nada significaba. Mi alma estaba abs- traida en contemplar su talle, su rostro, su voz, sus modales; y no pudé volver en mi, hasta que ella se fue corriendo á otro quarto para tomar los guantes y el abanico. Los muchachos me miraban de medio ojo, y á una cíerta distáncia; yo me acerqué á el mas joven, el qual tenia una fisonomia mas in- teresante. El se retiraba huyendo de mi, quando Carlota que salía ya por la puerta, le dixó : « Luis, de la mano á tu primo. » Diomela entonces con la mayor franqueza; y aunque tenia las narices llenas de moços no pudé contenerme en abrazarle con la mayor cordialidad. « Primo? dixé a Carlota « presentandola el brazo, creeis que yo sea « digno de la dicha de lograr vuestra alían- « za? — O, me respondió con una sonrisa

« croyez-vous que je sois digne du bonheur
« de vous être allié ? — Oh! me dit-elle
« avec un souris malin, notre cousinage est
« fort éloigné, et je serois fâchée que vous
« fussiez le moins bon de la famille. » En
sortant, elle recommanda à Sophie, l'aînée
des sœurs après elle, une fille d'onze ans
environ, d'avoir bien soin des enfants, et
de saluer le papa à son retour de la promenade. D'un autre côté, elle ordonna aux
enfants d'obéir à Sophie comme à elle-même,
ce que plusieurs lui promirent expressément;
mais une petite blondine, qui peut avoir six
ans, et qui faisoit l'entendue, lui dit : « Ce
« n'est pourtant pas toi, ma chère Lolotte;
« nous aimerions mieux que ce fût toi. » Les
deux plus âgés des garçons étoient grimpés
derrière la voiture ; et Lolotte leur permit,
à ma sollicitation, de nous accompagner
ainsi jusqu'à l'entrée du bois, après leur avoir
fait promettre de bien se tenir et de ne pas
se faire de niches.

Nous avions eu à peine le temps de nous
arranger, et les dames celui de se faire les
compliments d'usage, de se communiquer
leurs remarques sur leur ajustement, et sur-
tout sur leurs petits chapeaux ; enfin de passer
en revue toutes les personnes qui devoient

« maligna, nuestro parentesco es muy re-
« moto, y sentiria en el alma que fueseís el
« menos bueno de la familia. » Al salir, encargó á Sofia, niña de unos onze años y la
mayor de las hermanas que quedaban en la
casa, que tubíese buen cuidado de los niños,
y saludase á su padre quando volviese de
paseo. Al mismo tiempo mandó á los muchachos que obedeciesen á Sofia, como á
ella misma, lo que muchos prometieron
expresamente; pero una rubilla algo pica-
rilla, y que podia tener unos seis años, la
dixó. « Pero no es mi querida Carlota; y
« nosotros querriamos mejor que fueses tu. »
Los dos hermanos mayores havian trepado
detras del coche: y Carlota les permitió por
mi intercesion, que nos acompañasen hasta
la salida del bosque, haviendolos hecho
prometer antes que se tendrian bien firmes,
y que no se pelearían el uno con el otro.

Apenas haviamos tenido tiempo de tomar
nuestros asientos y las damas de hacerse los
cumplimientos de estilo, y de comunicarse
sus observaciones sobre los trages, y prin-
cipalmente sobre sus sombrerillos, y enfin
de pasar en revista todas las personas que

composer l'assemblée, lorsque Lolotte fit
arrêter le cocher et descendre ses frères. Ils
la prièrent de leur donner encore une fois
sa main à baiser. Le premier la lui baisa
avec toute la tendresse d'un jeune homme
de quinze ans ; pour l'autre, il le fit avec
autant de vivacité que d'étourderie. Elle leur
dit de saluer les enfants à la maison, et nous
continuâmes notre route.

« Avez-vous achevé, lui dit la tante, le
« livre que je vous ai prêté en dernier lieu ? —
« Non, il ne me plaît pas, vous pouvez le re-
« prendre ; le précédent ne valoit pas mieux. »
Je fus bien surpris lorsque, lui ayant demandé quels étoient ces livres, elle me dit
que c'étoient..... Je trouvai beaucoup de
caractère dans tout ce qu'elle dit ; dans chaque mot je découvrois de nouveaux charmes ;
chaque trait de son visage sembloit lancer
de nouveaux éclairs de génie ; et insensiblement je m'apperçus qu'elle les lâchoit avec
d'autant plus de satisfaction, qu'elle voyoit
bien que pas un n'étoit perdu pour moi.

« Quand j'étois plus jeune, dit-elle, rien
« ne me plaisoit tant que les romans. Dieu
« sait combien j'étois contente lorsque je
« pouvois, le dimanche, me retirer dans

devian componer el bayle, quando Carlota mandó al cochero que parase é hizó baxar á sus hermanos, los que la pidíeron nuevamente que les diese la mano á besar. El primero se la besó con toda la ternura de un joven de quinze años : y el otro lo hizo con tanta viveza como atolondramiento. Les encargó otra vez que saludasen á los niños que quedaban en la casa; y luego seguimos el camino.

« Haveis acabado, la dixó la tia, el libro « que os presté ultimamente? — No, ni « tanpoco me gusta, por lo que os lo volveré : « el anterior no valia mucho mas. » Me causó admiracion, quando haviendola preguntado que libros eran : me dixó que eran.... Hallaba yo en quanto ella me hablaba un gran talento; nuevas gracias en cada palabra : cada faccion de su rostro parecia lanzar, por decirlo así, nuevos rayos de inteligencia ; y yo fuí observando insensiblemente que ella se explicaba con tanto mas gusto, quanto que veia bien que havia hallado en mi quien la entendiese.

« Quando yo era mas joven, dixó, nada « me gustaba mas que las novelas. Dios sabé « quanto gusto tenía yo quando podía reti- « rarme el domingo, á algún rinconcito,

« quelque petit coin, pour partager, dans
« toute la sensibilité de mon cœur, le bon-
« heur ou l'infortune d'une miss Jenny. Je
« ne dis pas pourtant que ce genre de litté-
« rature n'ait encore quelque charme pour
« moi; mais, puisqu'il m'arrive si rarement
« de pouvoir m'occuper d'un livre, au moins
« faut-il que ceux que je lis soient de mon
« goût. L'auteur que j'aime par préférence
« est celui où je retrouve mon monde, mes
« enfants, et dont les scènes me paroissent
« aussi intéressantes, aussi touchantes que
« celles de ma vie domestique, qui n'est pas,
« si vous voulez, l'image d'un paradis, mais
« que je regarde au fond comme un bonheur
« indicible. »

Je tâchois de cacher l'émotion que me
causoient ces mots; mais cela n'alla pas loin;
car, lorsque je l'entendis parler, comme en
passant, avec tant de vérité du ministre de Wakefield et de plusieurs autres, alors je perdis
contenance, et lui dis tout ce que je devois;
et je m'apperçus, après quelques instants,
que Lolotte adressa la parole aux autres
personnes, qu'elles étoient restées la bouche
béante, sans prendre part à la conversation.
La tante me regarda plus d'une fois avec
un petit air moqueur, dont je ne me mis
pas fort en peine.

« para participar con todo mi corazon de la
« dicha ó de la desgracia de alguna miss Jen-
« ny. No digo por esto que este genero de
« literatura, no tenga áun algun atractivo
« para mi; pero, pues que pocas veces me
« sucede el poderme ocupar de la lectura de
« un libro, quiero á lo menos que sea de
« mi gusto. El autor que prefiero á los de-
« mas, es aquel en quien hallo mi mundo,
« mis niños, y cuyos pasages me parecen tan
« interesantes como los de mi vida domes-
« tica, que no diré que sea un paraiso, pero
« si una fuente de una dicha inexplicable
« para mi. »

Procuré ocultar la comocion que me cau-
saban estas palabras : pero no pudé lograrlo
por mucho tiempo, pues quando la oi hablar, como de paso, y con tanta razon del
vicario de Wakefield y de muchas otras
novelas; entonces no pudé contenerme, y
dixé quanto era devido : solo, adverti algun
tiempo despues, quando Carlota dirigío la
palabra á las demas personas, que havian
estado estas con la boca abierta, sin tomar
parte en la conversacion. La tia me miró
algunas veces con una sonrisa burlona, que
yo desprecié, mostrandó indiferencia.

« La conversation tomba sur le plaisir de la danse. « Si cette passion est un défaut, dit « Lolotte, j'avoue de bonne foi que je ne « connois rien au-dessus. Et, quand j'ai « quelque chose dans la tête, je me mets à « mon clavecin ; quelque discordant qu'il « soit, je joue une contre-danse, et tout va « le mieux du monde. »

Comme, pendant cet entretien, je repaissois ma vue de ses beaux yeux noirs! avec quel charme ses lèvres vermeilles et la fraîcheur de ses joues attiroient toute mon ame ! Comment, occupé tout entier de la noblesse, de la majesté de ses pensées, il m'arrivoit souvent de ne point entendre les mots dans lesquels elle s'exprimoit ! C'est ce que tu peux te figurer, puisque tu me connois. Bref, lorsque nous arrêtâmes devant la maison de plaisance, je descendis tout rêveur de la voiture ; j'étois même si égaré dans l'espèce de monde fantastique que mon imagination formoit autour de moi, que je fis à peine attention à la musique qui se faisoit entendre de la salle illuminée, et dont l'harmonie venoit au-devant de nous.

Les deux Audran, et un certain..... (qui peut retenir tous les noms?) qui étoient les danseurs de la tante et de Lolotte, nous re-

Hablóse entonces sobre la diversion del bayle. « Si esta pasion es un defecto, dixó « Carlota, confieso de buena fé, que no co- « nozco cosa que la sea superior. Quando « tengo mi cabeza inquieta con algun nego- « ció, me acerco al clave, y aunque esté « destemplado, toço una contradanza y en- « tonces todo va bien. »

Con que complacencia, mientras ella ha- blaba, yo fixaba mi vista en sus dos hermo- sos y negros ojos; con que encanto arreba- taban mi alma sus labios de rosa, sus frescas mexillas! Enteramente distraido en contem- plar lo noble, lo magestuoso de su discurso, me sucedía, a veces, no oir las palabras con que se explicaba : tu puedes formarte una idea cierta de todo esto, pues que me co- noces bien. Enfin, quando el coche paró de- lante de la casa del bayle, yo sali de el, todo distraido; y en efecto estaba tan arre- batado en esta especie de mundo fantastico, que mi imaginacion formaba á mi rededor, que apenas hicé alto de la musica que salia de la sala iluminada, y cuya harmonia se extendia hasta bien lejos.

Los dos Audran, y un cierto.... (pero quien ha de poder retener todos los nombres) que eran las parejas de la tia y de Carlota,

çurent à la porte; ils s'emparèrent de leurs dames, et je montai avec la mienne.

Nous dansâmes plusieurs menuets; je priois les femmes les unes après les autres, et les plus maussades étoient justement celles qui pouvoient le moins se résoudre à donner la main et à finir. Lolotte et son cavalier commencèrent une anglaise, et tu sens combien je fus content lorsqu'elle se mit à figurer avec nous. Il faut la voir danser! Elle se livre à la chose de tout son cœur, de toute son ame; tout son corps est une harmonie, et dans un tel abandon, qu'il semble que danser soit tout pour elle, qu'elle ne pense à rien, qu'elle ne sente rien autre chose; et sans doute, dans ce moment, tout autre objet doit s'anéantir devant ses yeux.

Je la priai pour la seconde contre-danse; elle n'accepta que pour la troisième, et m'assura, avec la plus aimable franchise, qu'elle dansoit volontiers l'allemande. « C'est « ici la coutume, continua-t-elle, que cha- « que cavalier ne danse l'allemande qu'avec « la personne qu'il a amenée; le mien la « danse mal, et me sait bon gré quand je « l'en dispense; votre dame ne la sait pas « aussi, et ne s'en soucie guère; et j'ai re- « marqué, lorsque vous avez dansé l'anglaise,

nos recibieron á la puerta; acompañaron á sus damas, y yo subí con la mia.

Baylamos muchos minuetes; yo baylé con varias damas, y las mas torpes eran precisamente las que tardaban mas en dar la mano, y acabar. Carlota y su cavallero comenzaron una contradanza inglesa; y figurate qual seria mi alegria, quando la tocó el hacer la figura conmigo. Es preciso verla baylar. Bayla con todo su corazon, con toda su alma: todo su cuerpo esta en una perfecta harmonia; y se abandona de tal modo que nada piensa, nada siente mas que el bayle, que es todo su objeto: y no hay duda en que los demas deven desvanecérse á sus ojos.

Pedila para la segunda contradanza; pero solo aceptó para la tercera, asegurandome con la mas amable franqueza, que tendria mucho gusto en baylar la alemanda. « Es « aqui costumbre, añadió, el que los caval- « leros, no baylen la alemanda si no con su « pareja: el mio la bayla muy mal, y me « lo agradece quando le dispenso de esta « obligacion: vuestra compañera, tampoco « la sabe, ni se cuída de ello: y yo hé ob- « servado quando baylaban la ynglesa, que

« que vous tournez fort bien : ainsi, si vous
« voulez m'avoir pour l'allemande , allez
« me demander à mon cavalier, tandis que
« je parlerai à votre dame. » J'acceptai ; et
il fut arrangé que tandis que nous danse-
rions ensemble , son cavalier entretiendroit
ma danseuse.

L'on commença, et nous nous amusâmes
d'abord à faire différentes passes. Quelle
grace ! quelle agilité dans ses mouvements !
Lorsque la mesure changea , et que nous
nous mîmes à tourner les uns autour des
autres comme des sphères , il y eut d'abord
quelque désordre, parce que le plus-grand
nombre dansoit mal ; mais nous fûmes sages ;
nous attendîmes qu'ils eussent jeté leur feu ;
et, lorsque les moins habiles eurent quitté
la place, nous nous en emparâmes, et continuâmes avec une nouvelle ardeur, secon-
dés d'un autre couple, Audran et sa danseuse.
Jamais je ne réussis avec autant de facilité.
Je n'étois plus un homme. Tenir cette char-
mante créature entre mes bras , et voler
avec elle comme la foudre ; voir tout dis-
paroître autour de moi, et . . . . Guillaume,
pour te parler avec sincérité, je me jurai
pourtant que je ne souffrirois jamais qu'une

« volteais muy bien. Si quereis, pues, bay-
« lar conmigo la alemanda, id á pedirme á
« mi cavallero, mientras que yo hablo á
« vuestra dama. » Acepté : y conveni en
que mientras que nosotros baylabamos juntos su cavallero haría la conversacion con
mi dama.

Se comenzó, y al principío nos entretu-
bimos en juguetear haciendo diferentes pa-
sos, y figuras. Que gracia, que agilidad, en
todos sus movimientos ! Quando llegamos
á la *valze*, y que comenzamos á dar vueltas,
los unos al rededor de los otros, como si
fueramos unas esferas, huvó al principío
alguna confusion, porque la mayor parte
baylaba mal : pero nosotros fuimos pruden-
tes, dexamos pasar todo el primer ímpetu,
y desde que los que eran menos habiles hu-
vieron abandonado el puesto, comenzamos
de nuevo, y continuamos con el mayor ardor, seguidos de otra pareja, que era Audran y su baylarina. Jamas he baylado con
mayor ligereza, y facilidad. Yo era mas
que hombre. Tener en mis brazos esta amable criatura, volar con ella como una exha-
lacion ; desaparecerse todo lo que me ro-
deaba, de mi vista ; y.... Guillermo, para
hablarte con ingenuidad, juré en mi inte-

fille que j'aimerois, et sur qui j'aurois des prétentions, dansât cette danse avec un autre que moi; et dussé-je y périr.... tu m'entends.

N us fîmes quelques tours dans la salle pour reprendre haleine, après quoi elle s'assit. Je coupai les citrons que j'avois mis de côté lorsqu'on faisoit le punch, et qui étoient les seuls qui restassent; je les lui donnai pour la rafraîchir, et ils produisirent un très-bon effet; seulement, à chaque morceau que sa voisine prenoit dans la tasse, je me sentois le cœur percé d'un coup de poignard, quoique, par décence, je me visse forcé de les lui présenter.

Nous fûmes les seconds à la troisième anglaise. Comme nous faisions le tour, et que, transporté de joie, je semblois n'être animé que du mouvement de son bras et de ses yeux, où je voyois l'expression du plaisir le plus sensible et le plus pur, nous nous trouvâmes devant une femme, qu'un certain air aimable, répandu sur un visage qui n'étoit plus de la première jeunesse, m'avoit fait remarquer. Elle regarde Lolotte en riant, la menace du doigt, et prononce, en pas-

rior, que jamas sufríria que una muger á quien yo amase, y sobre la que yo tubiese algun derecho, baylase este bayle con otro que conmigo; y mas que yo huviese de morir mil veces.... Ya me entiendes.

Dimos algunas vueltas en la sala para tomar aliento; y despues ella se sentó. Partí los limones que yo mismo havia separado, quando se hacia el punch, y eran los unicos que quedaban: se los presenté para que se refrescase, y vi con gusto, que havian producido un muy buen efecto: pero otra dama que se hallaba alli cerca tomaba alguna vez del plato, y aunque yo me veia obligado por atencion, á presentarselo, me sentía atravesar el corazon con una puñal cada vez que ella tomaba un pedazo.

En la tercera contradanza ynglesa, nos tocó el estar en la segunda pareja. Quando baxabamos haciendo la vuelta, y que transportado de alegria, yo parecia unicamente animado por el movimiento de sus brazos y de sus ojos, donde yo veia la expresion del mas puro, del mas sensible placer, nos hallamos delante de una muger, que aunque ya no era joven, me havia llamado la atencion por un cierto aire de amabilad que brillaba en todo su rostro. Miró á Carlota

sant, le nom d'Albert d'un air très-signifi-
catif. « Puis-je sans témérité, dis-je à Lo-
« lotte, vous demander qui est cet Albert ? »
Elle alloit me répondre, lorsque nous fûmes
obligés de nous séparer pour faire la grande
chaîne; et, lorsque nous nous croisâmes,
je crus lui trouver un air tout pensif. « Pour-
« quoi vous le cacher ? » me dit-elle en me
prenant la main pour la promenade; « Al-
« bert est un galant homme, à qui je ne
« suis pas moins que promise. » Cette nouvelle n'en étoit pas une pour moi, puisque
les dames m'en avoient prévenu en chemin;
et cependant elle me parut telle, parce
qu'occupé tout entier de l'objet qui, en si
peu de temps, m'étoit devenu si cher; je
n'y avois point songé. Bref, je me troublai,
je m'égarai, je fis une fausse marche qui
dérangea toute la danse; et il ne fallut pas
moins que la présence de Lolotte, qui nous
attira les uns et les autres, pour la remettre
promptement en ordre.

La danse n'étoit pas encore finie, que les
éclairs que nous voyions briller depuis long-
temps à l'horizon, et que j'avois toujours
donnés pour des éclairs de chaleur, commencèrent à devenir plus forts, et le bruit

riendo, la hizó una señal de amenaza, y pronunció al paso el nombre de Alberto, en tono de misterio. « Puedo sin ser temerario, « dixé á Carlota, preguntaros quien es Al-« berto ? » Yba á responderme, pero huvimos de separarnos para formar la cadena grande; y quando llegamos á cruzarnos, me parecío que estaba pensativa. « No hay motivo de ocultarlo, me dixó tomandome la mano para hacer el paseo : « Alberto es un « gracioso jóven, á quien yo estoy prome-« tida. » Aunque esta noticia no era nueva para mi, pues que las damas me lo havian prevenido en el camino; sin embargo me hizó entonces el mismo efecto que si lo fuese, porque enteramente ocupado en un objeto que en tan poco tiempo me havia agradado tanto, no havia vuelto á pensar en ello. En una palabra, yo me turbé, me aluciné, erre la figura y trastorné el bayle. Fue necesaria toda la presencia de espiritu de Carlota, para coordinar nuevamente la contradanza.

Aun no se havia acabado el bayle, quando los relampagos, que havia tiempo veiamos brillar sobre el horizonte, y que siempre yo havia sostenido que eran rafagas de calor, comenzaron á hacerse mas fuertes, y

du tonnerre à l'emporter sur celui de la musique. Trois femmes s'enfuirent de leurs rangs, leurs cavaliers les suivirent ; le désordre devint général, et la musique cessa. Il est naturel, lorsqu'un malheur ou quelque événement horrible nous surprend dans le plaisir, qu'il fasse sur nous une impression beaucoup plus forte qu'en tout autre temps, soit à cause du contraste, ou plutôt parce que nos sens, une fois ouverts à la sensibilité, sont plus subitement et plus vivement affectés. C'est à ces causes que je dois attribuer les étranges grimaces que je vis faire tout à coup à la plupart des femmes. La plus sage s'assit aussi dans un coin, le dos tourné vers la fenêtre, et se boucha les oreilles ; une autre se jeta à genoux devant elle, et se cacha le visage dans son sein ; une troisième se coula entre elles deux, et embrassoit ses sœurs en versant des larmes. Quelques-unes vouloient se retirer ; d'autres, qui savoient encore moins ce qu'elles faisoient, n'avoient pas même conservé assez de présence d'esprit pour réprimer l'audace de nos jeunes affamés, qui paroissoient fort occupés à dérober sur les lèvres de ces belles

el estampido del trueno á apagar el ruido de
la musica. Tres señoras abandonaron la contradanza : siguieronlas sus cavalleros ; la
confusion se hizó general, y la música cesó
de todo punto. Es cosa muy natural que
quando una desgracia, ó un suceso espan-
tòso nos sorprende en medio de los placeres, que haga en nosotros una impresion
mas fuerte, que en qualquiera otra circuns-
tancia ; sea por el contraste que resulta, sea
áun mas, porque nuestros sentidos, que entonces estan abiertos, por decirlo asi, á la
sensibilidad, estan tambien mas prontos á
recivir todas la vivas y repentinas sensaciones. A esta causa atribuyo yo, los extraños
gestos, que vi hacer entonces á la mayor
parte de las señoras. La mas prudente se
escondío en un rincon, con las espaldas
vueltas acia la ventana, y las orejas tapadas :
otra se arrodilló delante de ella, y cubrió
su cara en su regazo : la tercera se metió
entre las dos, y abrazaba, á sus hermanas,
llorando. Algunas otras señoras querian retirarse : pero otras que no sabian lo que se
hacian, no havian siquiera conservado la
presencia de espiritu necesaria para reprimir
la audacia de los ansiosos jovenes, que se
mostraban ocupados en robar de los labios

I. 4

affligées, les prières qu'elles destinoient au ciel. Quelques-uns de nos Messieurs étoient descendus pour fumer tranquillement une pipe; et le reste de la société n'en étoit pas fort éloigné, lorsque l'hôtesse s'avisa heureusement de nous montrer une chambre qui avoit des volets et des rideaux. A peine y fûmes-nous entrés, que Lolotte se mit à placer des chaises en rond, à faire asseoir la compagnie, et proposa un jeu.

J'en vis plusieurs serrer les lèvres et s'étendre, dans l'attente de quelque jeu de gage touché. « Nous jouerons à compter, dit-elle. «Écoutez bien. Je ferai le tour du cercle « en allant de droite à gauche, tandis que « vous compterez depuis un jusqu'à mille, « en nommant chacun le nombre qui lui cor- « respondra; il faut que cela aille très-vîte; « et celui qui hésitera, ou qui se trompera, « aura un soufflet. » Ce fut quelque chose d'assez plaisant. Elle se mit à tourner avec le bras étendu. Celui par lequel elle commença compta un, son voisin deux, le suivant trois, et ainsi de suite. Alors elle commença à aller insensiblement de plus en plus vîte. Quelqu'un se trompe; paf, un soufflet. Son voisin se met à rire; paf, un autre souf-

de las bellas afligidas, las suplicas que diri-
gian al cielo. Algunos señores de la compañia havian ido á una sala baja á fumar la
pípa, y las demas personas de la sociedad,
no se havian áun alexado mucho, quando
por fortuna, se le ocurrió á el ama de la
casa, el enseñarnos una pieza cuyas ventanas
tenian postigos y cortinas. Apenas haviamos
entrado en esta nueva sala, quando Carlota
comenzó á colocar sillas al rededor; hizó
sentar á la compañia, y propusó un juego.

Todos se preparaban á un juego de pren-
das, ó de risa, y los vi morderse los labios,
y estirarse, para estar prontos. Jugaremos
á contar, dixó Carlota. Escuchad bien. « Yo
« daré vueltas al circo yendo de derecha á
« izquierda, mientras que vosotros contareis
« desde uno hasta mil, nombrando cada uno
« el numero que le corresponde : pero deve
« de ir muy de priesa; y el que titubée ó
« se equivoque, recivira un bofeton. » La
cosa fue realmente chistosa. Comenzó á dar
vueltas con el brazo extendido. El primero
por quien ella comenzó, contó uno, el segundo, dos, el otro tres, y asi los demas :
pero ella iba cada vez dando la vuelta mas
de priesa. Uno se equivoca : paf ! un bofeton. Su vecino, comienza á reir : paf ! otro,

flet, en augmentant toujours de vîtesse.
J'attrapai moi-même deux taloches ; et je
crus, avec un sensible plaisir, remarquer
qu'elle me les appliquoit plus fort qu'aux
autres. Un éclat de rire général mit fin au
jeu avant qu'on eût achevé de compter mille.
Les plus intimes se retirèrent alors en particulier. L'orage avoit cessé, et je suivis
Lolotte dans la salle. « Les soufflets, me
« dit-elle en chemin, leur ont fait oublier
« orage et tout. » Je ne pus rien lui répondre. « J'étois, continua-t-elle, une des plus
« craintives ; mais, en affectant du courage
« pour en inspirer aux autres, je suis deve-
« nue plus hardie. » Nous nous approchâmes
de la fenêtre ; le tonnerre grondoit encore
dans l'éloignement ; une pluie abondante
ruisseloit avec un petit murmure sur les
champs, d'où il s'exhaloit un parfum vivi-
fiant, que l'air, dilaté par la chaleur, nous
apportoit par bouffées. Elle se tenoit appuyée
sur son coude ; son regard perçoit toute la
contrée ; elle leva les yeux au ciel, et les
rebaissa sur moi ; je les vis se remplir de
larmes ; elle posa sa main sur la mienne, en
disant : « Klopstock ! » Je me sentis abymer
dans le torrent de sensations qu'elle versa
sur moi en prononçant ce seul nom. Je

y Carlota corriendo siempre. Yo recibí dos
bofetones, y creí, con el mayor gusto, haver advertido que me los aplicaba mas fuertes que á los demas. Una carcajada general
dió fin al juego, antes de que se huviese
acabado de contar hasta mil. Las personas
que tenian mas intimidad se retiraron, á
hacer una conversacion particular. La tempestad havia cesado ya, y yo segui á Carlota que pasó á la otra sala, y me dixó de
camino. « Los bofetones les han hecho olbí-
« dar la tempestad, y todo lo demas. » No
pudé responderla nada. « Yo era, añadió,
« una de las mas medrosas : pero como tenia
« que fingir animo, para darlo á los demas,
« me volvi mas atrevida. » Nos acercamos
á la ventana; los truenos resonaban á lo lejos; una abundante lluvia se deshacia en
arroyos sobre los campos, formando un
agradable murmullo : la tierra exhalaba un
perfume vivificante, que el ayre, enrarecido
con el calor, nos lo embiaba á ráfagas. Carlota estaba apoyada sobre sus codos : sus
miradas penetraban todo aquel recinto : le-
vantó los ojos al cielo, y luego los dexó caer
sobre mi cubiertos de lagrimas : pusó una
mano sobre la mia, diciendo : « Klopstock! »
Sentime abismado en las innumerables sen-

succombai, je m'inclinai sur sa main, que je baisai en versant des larmes de volupté. Je relevai mes yeux sur les siens. ... Auteur sublime, que n'as-tu vu dans ce regard ton apothéose ! et puissé-je moi-même n'entendre plus prononcer ton nom si souvent profané !

LETTRE XI.

Le 19 juin.

Je ne sais plus où j'en suis resté dernièrement de mon récit ce que je sais, c'est qu'il étoit deux heures après minuit lorsque je me couchai, et que si, au lieu de t'écrire, j'avois pu t'entretenir de vive voix, je t'aurois peut-être amusé jusqu'au jour.

Je ne t'ai pas raconté ce qui se passa à notre retour du bal, et le jour d'aujourd'hui n'est pas fait pour cela.

Il faisoit la plus belle aurore du monde; l'eau tombant goutte à goutte des arbres, toute la nature sembloit revivre autour de

saciones que ella produxó en mi, con solo pronunciar este nombre. Sin poderme resistir me dejé caer sobre su mano, derramando lagrimas tiernas de placer. Levanté mis ojos para mirar los suyos.... O sublime autor, esta sola mirada, que tu devias haver visto, hace tu apothéosis! Pueda yo mismo no volver á oir pronunciar tu nombre tantas veces profanado.

CARTA XI.

19 de junio.

No me acuerdo á donde quedé ultimamente con mi relacion: lo que yo sé es que ya eran las dós de la noche, quando me acosté, y que si en lugar de escribirte, huviese podido hablarte, tal vez te huviera entretenido hasta el amanecer.

No te hé contado áun lo que pasó de que volvimos del bayle, ni tampoco lo haré ahora, porque hoy no me siento dispuesto para ello.

Hacia la mas bella mañana del universo; el agua caia gota á gota de los arboles, toda la naturaleza parecia revivir, á nuestro re-

nous. Nos dames commençoient à s'endor-
mir. Elle me demanda si je ne voulois pas
être de la partie; que je ne devois pas me
gêner pour elle. « Tant que je verrai ces
« yeux ouverts, lui dis-je, (et je la regar-
« dois fixement) il n'y a pas de danger que
« je m'endorme. » Nous tînmes bon l'un et
l'autre jusqu'à sa porte. La servante lui ou-
vrit doucement; et, comme elle s'informoit
de son père et des enfants, on lui dit que
tout étoit tranquille et endormi. Je pris congé
d'elle en l'assurant que je la reverrois le
jour même. Je lui ai tenu parole; et, depuis ce temps-là, le soleil, la lune et les
étoiles, peuvent faire tranquillement leurs
révolutions; je ne sais plus s'il est jour ou s'il
est nuit; tout l'univers se perd autour de moi.

LETTRE XII.

Le 21 juin.

Je coule des jours aussi heureux que ceux
que Dieu réserve à ses élus; et, quelque
chose qui m'arrive, je ne puis pas dire que
je n'ai pas joui des plaisirs, des plaisirs les
plus purs de la vie. Tu connois ma retraite

dedor. Las damas comenzaban á dormirse. Carlota me dixó « que si yo queria hacer « lo mismo no lo dexase por ella. Mientras « yo vea, (la respondí mirandola fixamente) « esos ojos abiertos, no hay miedo en que « yo me duerma. » En efecto, los dos resistimos muy bien al sueño hasta llegar á su puerta. La criada abrió con el mayor tiento; preguntó Carlota al instante por su padre y hermanos, y la respondío que dormian con el mayor sosiego. Despedíme de ella, y la aseguré que en aquel mismo dia volveria á verla. Asi lo hé hecho : y desde este instante el sol, la luna, y las estrellas pueden recorrer tranquilamente sus orbitas, sin que yo sepa si es de dia ú es de noche : todo el mundo se desvanece á mis ojos.

CARTA XII.

21 de junio.

Paso unos dias tan felices como los que Dios reserva á sus escogidos : y sucedame lo que me suceda, no podré decir que no he gozado de los placeres, si, de los placeres mas puros de la vida. Tu conoces mi

4*

de Wahlheim; j'y suis tout à fait établi; je n'ai, de là, qu'une demi-lieue pour me rendre chez Lolotte : là, je sens mon existence, et tout le bonheur qui a été accordé à l'homme.

L'aurois-je pu penser que ce Wahlheim, que je choisissois pour le but de ma promenade, étoit situé si près du ciel ! Combien de fois, dans mes longues courses, tantôt au *** de la montagne, tantôt au milieu de la plaine, portant mes regards au-delà de la rivière, n'ai-je pas considéré cette maison de chasse, qui est aujourd'hui le centre de tous mes desirs !

Mon cher Guillaume, j'ai fait toutes les réflexions possibles sur ce desir de l'homme, de s'étendre hors de lui-même, de faire de nouvelles découvertes, de se transporter partout où il n'est pas ; et, d'un autre côté, sur ce penchant intérieur qu'il a à se laisser volontairement prescrire des bornes, à suivre machinalement l'ornière de l'habitude, sans se mettre en peine de ce qui se passe à droite ou à gauche.

Il est étonnant, lorsque je vins ici, et que de la colline je contemplois ce beau vallon, comme je m'y sentois attirer de

soledad de Wahlheim; en ella me hé fixado enteramente, desde alli no tengo que andar mas que media legua para pasar á la casa Carlota; donde gozo de toda mi existencia de toda la felicitad; que el hombre puede gozar.

Huvierá yo podido imaginarme que el retiro de Wahlheim que yo havia escogido por límites de mi paseo, estubiese situado tan cerca del cielo! Quntas veces en mis largos paseos, ya á la cima de la montaña, ya á lo hondo del valle, quando extendia mis miradas mas allá del río, no hé considerado esta caseria, que forma ahora el centro de todos mis deseos!

Mi amado Guillermo, yo he hecho todas las reflexiones posibles sobre el deseo del hombre de extenderse fuera de sí mismo, de hacer nuevos descubrimientos, de transportarse á donde no se halla; y por otro lado sobre esta inclinacion exterior á dexarse voluntariamente prescribir de limites, á seguir maquinalmente la rutina, sín cuidar de lo que pasa á derecha ó á izquierda.

Es cosa que realmente me causa admiracion, el acordarme que quando viné aqui, y que desde la colina contemplaba ese her-

toutes parts ! Là, le bosquet : que ne peux-
tu mêler ton ombre à ses ombres ! Là, le
sommet de la montagne : oh ! que ne peux-
tu, de là, découvrir toute l'étendue du pays !
Là, une chaîne de collines interrompue par
des vallées solitaires : quel plaisir de pouvoir
t'y égarer ! J'y volois, je revenois sur mes
pas, et je n'avois point trouvé ce que j'avois
espéré. Ah ! il en est de l'éloignement comme
de l'avenir ! Un grand tout ténébreux repose
devant notre ame ; le sentiment y vole, et
se fourvoie comme notre œil ; nous brûlons
du desir d'y transporter tout notre être,
pour le remplir d'une sensation unique de
volupté capable d'affecter toutes nos facultés.
Hélas ! après bien des efforts pour y arriver,
lorsque l'avenir devient présent, tout demeure dans le même état ; nous restons dans
notre misère ; le même asile nous environne,
et notre ame soupire en vain après le bonheur qui vient de lui échapper.

C'est ainsi, peut-être, que le vagabond
inquiet soupire après sa patrie, et trouve
dans son foyer, sur le sein de son épouse,

moso valle, me sentia atraido por todas
partes. Allí, el bosque : porque no me es
dado mezclar mi sombra con la suya! Mas
allá la cima del monte : ó! porque no me
es posible descubrir desde allí toda la vasta
extension del pays! Por otra parte, una
cordillera de colinas, separadas entre sí, con
solitarios valles: que gozo, el poderme ex-
tender por ellos? Yba volando: me volvia
atras, sin haver hallado lo que esperaba.
Ah! lo mismo sucede con lo que está lejos
de nosotros, que con el tiempo venidero.
Un gran todo vago y tenebroso reposa delante de nuestra alma : la idea vuela, y se
extravia como nuestra vista : ardemos en
deseos de trasladar allí todo nuestro ser,
para que se embriague en las delicias de una
sola sensacion grande y magnifica. Pero ah!
despues que hemos hecho los mayores esfuerzos para llegar, desde que el tiempo ve-
nidéro se hace presente, todo es como era
antes ; permanecémos en nuestra miseria ;
estamos encerrados en el mismo circulo, y
en vano nuestra alma suspira por la dicha
que acaba de escaparsela.

Del mismo modo, tal vez, el hombre
inquieto y vagamundo suspira enfin, por su
patria, y halla en sus hogares, á el lado de

au milieu de ses enfants et des soins qu'exige
leur conservation, ce contentement de l'ame
qu'il chercha vainement par toute la terre.

Lorsqu'au lever du soleil je sors pour me
rendre à mon cher Wahlheim, et qu'arrivé
au jardin de l'hôtesse je cueille moi-même mes
pois, et m'assieds pour en ôter les filaments,
tout en lisant mon Homère; lorsque je prends
un pot dans la petite cuisine, que je coupe du
beurre, mets mes pois au feu, les couvre et
m'assieds auprès pour les remuer de temps
en temps; c'est alors que je sens bien vivement comment les fiers, les superbes amants
de Pénélope pouvoient tuer eux-mêmes, dé-
pecer et faire rôtir les bœufs et les pourceaux.
Il n'y a rien qui me remplisse d'un sentiment
si tranquille, si vrai, que ces traits de la vie
patriarchale, que je puis, grace à Dieu, faire
entrer sans affectation dans la trame de la
mienne.

Que je suis content d'avoir un cœur capable de sentir cette joie simple et innocente
d'un homme qui sert sur sa table le chou
qu'il a lui-même fait venir, et qui non seulement jouit de son chou, mais qui se rap-

su esposa, en medio de sus hijos, y de los cuidados que exige su conservacion, este dulce contentamiento del alma, que en vano buscó por toda la tierra.

Quando al salir el sol, yo me pongo en camino para ir á mi amada soledad de Wahlheim, y que en llegando al jardin de mi huespeda, me entretengo en coger mis guisantes, y me siento para quitarles los hilos, mientras leo á Homero; quando tomo una olla en la cocina, corto la manteca, pongo mis guisantes al fuego, los tapo, y me siento al lado para menearlos de quando en quando, entonces me represento con la mayor viveza, como los feroces y orgullosos amantes de Penelope podian ocuparse ellos mismos en matar, desquartizar, y asar los bueyes y los cerdos. No hay cosa alguna que me llene de ideas mas tranquilas, y mas verdaderas, que estos rasgos de la vida patriarcal, los que gracias al cielo, puedo mezclar sin afectacion, en mi metodo de vida.

Quan contento estoy en tener un corazon capaz de gozar de la inocente y sensible alegria del hombre que sirve á su mesa la col que el mismo ha cultivado, y que no solamente goza del placer de comer su col,

pelle encore dans un même instant tous les
beaux jours qu'il a passés à le cultiver, la belle
matinée où il le planta ; les douces soirées
où il l'arrosa, et où il eut la satisfaction d'en
remarquer l'accroissement progressif !

LETTRE XIII.

Le 29 juin.

AVANT-HIER le médecin de la ville vint
chez le bailli, et me trouva à terre au
milieu des enfans de Lolotte, dont les uns
marchoient à quatre pattes sur moi, tandis
que les autres me pinçoient, que je les cha-
touillois, et que nous faisions tous ensemble
un grand bruit. Le docteur, espèce de ma-
rionnette dogmatique, qui arrangeoit en par-
lant les plis de ses manchettes, et tiroit son
jabot, trouva ce jeu au-dessous de la dignité
d'un homme sage ; je m'en apperçus à sa mine. Sans me démonter, je lui laissai débiter
les choses les plus raisonnables, et me mis
à rebâtir le château de cartes des enfants,
qu'ils avoient renversé. Aussi n'a-t-il pas
manqué d'aller clabauder par la ville que

si tambien de acordarse en aquel instante de los hermosos dias que ha pasado en cultivarla, la bella mañanita en que la plantô, las suaves tardes en que la regó, y en que tubó la satisfaccion de observar como medraba haciendose cada vez mayor.

CARTA XIII.

29 de junio.

EL medico de la ciudad vinó antes de ayer, á casa del *bally*, y me hallo hechado en el suelo enmedio de los niños de Carlóta, de los quales, los unos marchaban en quatro pies sobre mi, los otros me pellizcaban, y yo les hacia cosquillas, formando de este modo todos juntos un gran ruido. El doctor, especie de manequin dogmatico, y el qual mientras hablaba, arreglaba sus vuelos y su guirindola, halló que este juguete degradaba la dignidad de un hombre sabio. Conocilo en su gesto. Sin trastornarme en nada, le dexé decir las cosas mas juiciosas, ocupandome mientras tanto en componer un castillejo de naypes que los muchachos acababan de derribar: el doctor no dexó de ir á charlar

les enfants du bailli étoient déjà assez mal
élevés, mais que Werther achevoit de les
perdre.

Oui, mon cher Guillaume, les enfants,
voilà, sur la terre, ce qui touche de plus
près à mon cœur. Lorsque je les considère,
et que je vois dans ces petits êtres le germe
de toutes les vertus, de toutes les forces, dont
ils auront un jour si grand besoin; lorsque je
vois dans leur opiniâtreté leur future constance, et leur fermeté de caractère; dans
leur pétulance, la gaieté du cœur, l'étourderie avec laquelle ils se glisseront, par la
suite, à travers tous les dangers de ce monde;
quand je vois, dis-je, tous ces germes si en-
tiers, si exempts de corruption, sans cesse je
répète ces mots précieux du grand instituteur
des hommes : Si vous ne devenez semblable
à un d'eux! Et cependant, mon bon ami,
ces enfants qui sont nos semblables, et que
nous devrions prendre pour modèles, nous
les traitons comme nos sujets. Ils ne doivent
avoir aucune volonté. N'en avons-nous donc
aucune? Et où est notre prérogative? parce
que nous sommes plus âgés et plus sages.
Dieu du ciel! tu vois de vieux enfants, de
jeunes enfants, et rien de plus; et ton fils
nous a bien fait connoître lesquels te donnent

por la ciudad, que Werther acababa de he-
char á perder á los hijos del *bally* que estaban ya bastante mal criados.

Si, querido Guillermo, los niños son de
todo lo que hay sobre la tierra, lo que mas
interesa á mí corazon. Quando los contemplo, y que veo en estos pequeños entes la
semilla de todas las virtudes, de todas las
fuerzas que algun dia les seran necesarias:
quando veo en su terquedad, su constancia
futura, y la firmeza de su caracter; en su
petulancia, la alegria de corazon, el atolondramiento con que despues se escabulliran
por entre todos los peligros de este mundo:
quando veo, vuelvo á repetir, todas estas
semillas tan interas, tan libres de corrupcion,
repito sin cesar estas palabras del gran maestro de los hombres: *Si no os haceis semejantes á uno de ellos.* Y sin embargo, nosotros tratamos como esclavos, á estos niños
que son nuestos semejantes, y que deveria-
mos tomar por modelos. No deven tener
voluntad propia. Pero nosotros no tenemos
una? Y qual es nuestra prerrogativa? Porque somos de mas edad y mas sabios? O
Dios eterno! tu ves niños viejos, niños jovenes, y nada mas: y tu hijo nos ha hecho
conocer muy bien, quienes son aquellos que

la plus grande satisfaction. Mais, hélas ! ils croient en lui, et ne l'écoutent point ; c'est encore là une ancienne vérité. Ils modèlent leurs enfants sur eux-mêmes, et..... Adieu, Guillaume ; je ne veux pas pousser plus loin cette matière.

LETTRE XIV.

Le premier juillet.

Mon cœur, qui est plus mal que tel qu'une soif ardente consume sur son lit, sent de quelle ressource Lolotte doit être à un malade.

Elle va passer quelques jours à la ville, chez une dame qui, au dire des médecins, touche au terme de sa carrière, et qui, dans ses derniers moments, veut avoir Lolotte auprès d'elle. J'allai, la semaine dernière, visiter le curé de Saint..... petit endroit à une demi-lieue d'ici, dans les montagnes. Nous y arrivâmes sur les quatre heures. Lolotte avoit pris sa seconde sœur avec elle. En entrant dans la cour du presbytère, ombragé de deux grands noyers, nous trouvâmes le bon vieillard assis sur un banc, de-

tu prefieres. Pero, ah! ellos creen en el,
y no le escuchan : esta es tambien una verdad bien antigua. Modelan sus hijos, sobre
sí mismo, y....Adios Guillermo, no quiero
extenderme mas en este materia.

CARTA XIV.

1 de julio.

M i corazon, que sufre mas que aquel que
se consume sobre su lecho, devorado por
una ardiente sed, conoce quan util deve ser
Carlota para un enfermo.

Esta va ahora á pasar algunos dias á la
ciudad, á asistir á una señora, que segun el
fallo de los medicos, toca ya al termino de
su carrera, y la que quiere tener á su lado
á Carlota para que la asista en sus ultimos
instantes. La semana pasada estubimos á
visitar al cura de S.....pueblo pequeño,
situado entre las montañas, á una media
legua de aqui. Serian las quatro quando llegamos. Carlota traía consigo á su hermana
segunda. Al entrar en el patio de la casa,
á quien hacian sombra dos grandes nogales,

vant sa porte. La vue de Lolotte sembla se
ranimer; il oublia son bâton, et se hasarda
à aller seul au-devant d'elle. Elle courut à
lui, l'obligea de se rasseoir en se plaçant
elle-même auprès de lui. Elle lui présenta
mille saluts de la part de son père, et baisa
son marmot, enfant gâté, et fort dégoûtant.
Si tu avois vu comme elle amusoit le bon
homme, comme elle haussoit le ton de sa
voix, pour la rendre sensible à ses oreilles
demi-sourdes; comme elle lui parloit de
jeunes gens robustes qui étoient morts subitement, de l'excellence de Carlsbad; comme
elle approuvoit sa résolution d'y passer l'été
prochain; enfin comme elle lui trouvoit un
visage plus frais, un air plus vif que la dernière fois qu'elle l'avoit vu! Cependant j'a-
vois fait mes civilités à la femme du curé.
Le vieillard commençoit à s'égayer; et,
comme je ne pus me retenir de louer les
beaux noyers dont les feuillages nous cou-
vroient si agréablement, il se mit, quoique
avec quelque difficulté, à nous en faire l'histoire. « Quant à ce vieux-là, dit-il, nous ne
« savons pas qui l'a planté : les uns disent
« que c'est ce curé-ci, les autres celui-là.
« Mais ce jeune-ci est de l'âge de ma femme;
« il aura cinquante ans, vienne le mois d'oc-

hallamos al buen anciano sentado en un
escaño, delante de su puerta. Pareció reani-
marse á la vista de Carlota; olbidó su bas-
ton, y se arriesgó á salir á recibirla. Carlota
fue corriendo acia el, le obligó á sentarse,
tomando ella asiento á su lado. Saludóle de
parte de su padre, y besó á su muñeco de
hijo, niño mimado, y muy cochino. Si hu-
vieras visto como ella divertía al buen hombre, como ella levantaba su voz para que
aquel hombre que estaba medio sordo pudiese oirla; como ella le hablaba de varios
jóvenes robustos que havian muerto de repente, de la excelencia de Carlesbad; como
ella aprovaba su resolucion de ir para el
verano del año siguiente; y enfin como ella
advertia que tenía un rostro mas fresco, y
un ayre mas vivo que la ultima vez que se
havian visto. Mientras tanto yo havia cum-
plimentado á la muger del cura. El anciano
comenzaba á alegrarse; y como no pudé
contenerme en alabar los dos hermosos nogales que hacian, con su ojarasca, una sombra tan agradable, emprendió, aunque con
algun trabajo el contarnos su historia. « No
« sabemos quien ha plantado ese mas viejo;
« unos dicen que este cura, otros que el otro.
« Pero este mas joven es de la edad de mi

« tobre. Son père le planta le matin, et elle
« vint au monde le soir du même jour. Il
« étoit mon devancier dans cette cure, et il
« n'est pas possible de vous dire combien
« cet arbre lui étoit cher. Il ne me l'est pas
« moins à moi-même : mon épouse étoit
« assise dessous sur une poutre, et tricotoit,
« lorsqu'il y a vingt-sept ans, je vins pour la
« première fois dans cette cour, n'étant pour
« lors qu'un pauvre étudiant. » Lolotte lui
demanda où étoit sa fille ; il lui dit qu'elle
étoit allée dans la plaine avec M. Schmidt
pour voir les travailleurs, et il continua son
discours, en nous disant comme son devancier et sa fille l'avoient pris en amitié ; comme
il avoit d'abord été son vicaire, et enfin son
successeur. Il venait de finir son récit, lorsque sa fille revint à travers le jardin avec
M. Schmidt ; elle reçut Lolotte avec le plus
tendre empressement ; et il faut avouer
qu'elle ne me déplut pas. C'est une brunette
sémillante, bien faite, et qui auroit pu entretenir un honnête homme à la campagne
pendant le temps de la cure. Son amant
(car M. Schmidt se présenta d'abord comme
tel) est un homme d'une belle apparence,
mais taciturne, qui ne voulut jamais se mêler dans la conversation, quoique Lolotte ne

« muger ; á el octubre que viene , tendrá
« cinquenta años. Su padre lo plantó por la
« manaña , y ella nació en la noche de aquel
« mismo dia. Fué mi predecesor en este cu-
« rato , y no podré pintaros quanto queria á
« este arbol. No le quiero yo menos : hace
« veinte y siete años que yo viné aqui por la
« primera vez , quando no era áun mas que
« un pobre estudiante ; la que ahora es mi
« muger estaba entonces haciendo punto ,
« sentada sobre un madero debajo del nogal. »
Carlota le preguntó, que adonde estaba su
hija. La dixó que havia ido con M. Schmidt
al llano á ver los trabajadores ; y luego, siguió su discurso , diciendonos como su an-
tecesor y su hija, le havian tomado amistad,
como havia sido primero su teniente , y despues su sucesor. Apenas havia acabado su
discurso quando vimos venir por enmedio del
jardin á su hija, acompañada de M. Schmidt:
recibió á Carlota con el cariño mas tierno ;
y devo confesar que no me desagradó su
figura. Es pues de un morenito alegre, bien
hecha, y que podria hacer gustar de la vida
del campo, á qualquiera joven. Su amante
(pues como tal se presentó á primera vista
M. Schmidt) es un joven de buen exterior,
pero taciturno, y el qual no quisó tomar

I.   5

cessât de le provoquer; ce qui me piquoit davantage, c'est que je crus remarquer à son air que c'étoit moins le défaut d'esprit, que le caprice et la mauvaise humeur, qui l'empêchoient de se communiquer. Malheureusement j'eus bientôt occasion de m'en assurer; car, mademoiselle Frédérique s'étant attachée à Lolotte à la promenade, et se trouvant aussi quelquefois avec moi, le visage du Monsieur, qui étoit naturellement d'une couleur brune, devint si sombre, qu'il étoit temps que Lolotte me tirât par la manche, et me fît signe d'être moins galant auprès de Frédérique. Rien ne m'a fait tant de peine que de voir les hommes se tourmenter les uns les autres, mais sur-tout lorsque des jeunes gens dans la fleur de leur âge, quand leur cœur pourroit le plus aisément s'ouvrir à tous les sentiments du plaisir, perdent à des sottises ce peu de beaux jours dont ils ont à jouir, et ne s'apperçoivent que trop tard que cette prodigalité est irréparable. Cette idée me tourmenta; et, sur le soir, lorsque, de retour au presbytère, nous nous assîmes à une table pour manger du lait, et que la conversation tomba sur la peine et le plaisir de ce monde, je ne pus m'empêcher de saisir l'occasion, et de par-

parte en la conversacion aunque Carlota no
cesaba de incitarle á ello. Lo que mas me
enfadó fue que adverti en su tono, que no
era por falta de talento que dexaba de comunicarse, sino por capricho, y mal humor.
Por desgracia tubé bien pronto ocasion de
asegurarme; pues como la señorita Federica
acompañaba á Carlota, al paseo, y de consiguiente se hallaba algunas veces á mi lado,
la cara del buen señor que era naturalmente
morena, se puso enteramente tectrica, y
tanto que ya era tiempo de que Carlota
me tirase de la manga, y me hiciese señas
de ser menos galan con Federica. No hay
cosa que me cause mas pena que el ver á los
hombres atormentarse unos á otros; y sobre
todo quando los jovenes en la flor de su
edad, entonces que su corazon podria abrirse
facilmente á todas las impresiones del placer, pierden en tonterias los pocos dias buenos de que tienen que gozar, sin advertir
hasta muy tarde que esta prodigalidad es
irreparable. Esta idea me atormentaba; y
quando á la noche volvimos á la casa, y
nos sentamos á cenar un poco de leche á
una mesa, y que la conversacion cayó sobre
las penas y los placeres de este mundo, no
pudé menos de aprovecharme de la ocasion,

ler, d'abondance de cœur, contre l'humeur
chagrine. « Nous autres hommes, dis-je,
« nous nous plaignons de ce qu'il y a si peu
« de bons jours contre tant de mauvais ;
« il me semble que, le plus souvent, nous
« nous plaignons à tort. Si notre cœur étoit
« toujours ouvert à la jouissance du bien que
« Dieu nous prépare pour chaque jour, nous
« aurions aussi assez de force pour supporter
« le mal quand il se présente. — Notre cœur
« n'est pas en notre puissance, dit la femme
« du pasteur ; que de choses dépendent du
« corps ! Quand on n'est pas à son aise, on
« est mal par-tout. » J'en convins. « — Il
« faut donc, poursuivis-je, regarder la mau-
« vaise humeur comme une maladie, et
« voir s'il n'y a pas quelque remède pour la
« guérir. » — Cela n'est pas mal vu, dit
Lolotte ; « je crois au moins que nous pou-
« vons beaucoup, et je le sais par moi-même ;
« dès que quelque chose m'inquiète et vou-
« droit me rendre triste, je fais un saut, je
« me promène çà et là dans le jardin en
« chantant une couple de contre-danses, et
« adieu le chagrin. — C'est ce que je voulois
« dire, repartis-je : il en est absolument de
« la mauvaise humeur comme de la paresse.
« Il est une sorte de paresse à laquelle notre

y de hablar, de abundancia de corazon, contra el mal humor. Nosotros los hombres, dixé yo, nos quejamos de que hay tan pocos dias buenos, contra tantos malos; y me parece que las mas de la veces nos quejamos sin razon. Si nuestro corazon estubiera siempre dispuesto á gozar el bien que Dios nos prepara para cada dia, tendriamos tambien bastante fuerza para soportar el mal, quando se presenta. — Nuestro corazon no depende enteramente de nosotros, dixó la muger del cura : quantas cosas que no dependen del cuerpo! Todo nos causa fastidío, quando no estamos bien. Convengo en ello, repliqué yo ; pero devemos mirar el mal humor como una enfermedad, y ver si no havrá algun remedio para curarla. — « No « es mal pensado eso, dixó Carlota : yo « creo que nosotros podemos mucho, y lo sé « por mi misma. Quando alguna cosa me « inquieta y comienza á ponerme triste, doi « un brinco, me paseo de un lado al otro « del jardin, cantando un par de contra- « danza ; y á dios la pena. — Esto queria « yo decir, añadí al instante. Sucede con el « mal humor, lo que con la pereza. Hay « una suerte de pereza á la qual es muy « propensa nuestra naturaleza ; pero si lle-

« nature est fort encline ; cependant, lors-
« qu'une fois nous avons la force de nous
« encourager nous-mêmes, nous travaillons
« du plus grand cœur, et nous trouvons un
« vrai plaisir dans l'activité. » Frédérique
étoit fort attentive, et le jeune homme se
hasarda à nous dire qu'on n'étoit pas maître
de soi-même, et qu'on ne pouvoit pas com-
mander à ses sentiments. « Il s'agit ici, re-
« partis-je, d'une sensation désagréable,
« dont chacun cherche à se délivrer ; et per-
« sonne ne connoît l'étendue de ses forces,
« qu'il ne les ait éprouvées. Assurément un
« homme malade demandera par-tout des
« médecins, il les écoutera avec la plus
« grande résignation, et ne refusera pas de
« prendre les médecines les plus amères,
« pour recouvrer la santé qu'il desire. » Je
remarquai que l'honnête vieillard écoutoit
de toutes ses oreilles, pour participer à notre
conversation ; je haussai la parole. « On
« prêche, lui dis-je, contre bien des vices ;
« mais je n'ai jamais entendu qu'on ait prê-
« ché contre la mauvaise humeur. — Ce se-
« roit, dit-il, aux curés des villes à le faire ;
« les paysans n'ont point d'humeur noire :
« au reste, peut-être qu'un pareil sermon
« ne feroit pas mal ici ; ce seroit au moins

« gamos enfin á animarnos á nosotros mis-
« mos, trabajamos con el mayor animo, y
« hallamos un placer verdadero en la acti-
« vidad. Federica estaba muy atenta? y el
« joven Schmidt replicó, que no eramos
« siempre dueños de nosotros, y que no era
« facil el mandar á sus pasiones. Se trata
« aqui, dixó yo, de una sensacion desagra-
« dable de la qual todos procuran librarse :
« y nadie conoce la extension de sus fuer-
« zas si no las ha experimentado. Es cosa
« cierta que un enfermo buscará por todas
« partes á los medicos ; que les escuchará
« con la mayor resignacion, y no se rehu-
« sará á tomar las medicinas mas amargas,
« para recobrar la salud que desea. Adverti
« que el buen anciano aplicaba el oido, pro-
« curando participar de nuestra conversa-
« cion, y entonces levanté la voz, y conti-
« nué diciendo. Se predica contra muchos
« vicios, pero jamas he oido predicar con-
« tra el mal humor. Pero esto solo deven
« hacerlo, replicó el cura, los parrocos de
« las ciudades ; pues los aldeanos no tienen
« jamas mal humor. Sin embargo, estos
« sermones no serian aqui enteramente inu-
« tiles : á lo menos seria una buena leccion
« para su muger, y para el *bally*. » Todos

« une leçon pour la femme et pour le bailli. »
La compagnie se mit à rire, et il rit lui-
même de tout son cœur, jusqu'à ce qu'il lui
prit une toux qui interrompit notre discours
pendant quelques minutes ; après quoi le
jeune homme reprit ainsi : « Vous avez ap-
« pelé la mauvaise humeur un vice ; il me
« semble que c'est exagérer. — Rien moins
« que cela, lui répondis-je, si tout ce qui
« nous nuit à nous-mêmes et à notre prochain
« mérite ce nom. N'est-ce pas assez que
« nous soyons dans l'impossibilité de nous
« rendre mutuellement heureux ? faut-il
« encore que nous nous dérobions les uns
« aux autres le plaisir que chaque cœur peut
« encore quelquefois se procurer à lui-même ?
« Nommez-moi un atrabilaire assez coura-
« geux pour cacher sa mauvaise humeur,
« pour la supporter seul, au point de ne pas
« troubler la joie qui l'environne ? N'est-ce
« pas plutôt un dépit intérieur de notre propre
« insuffisance, un mécontentement de nous-
« mêmes, auquel se joint toujours un peu
« d'envie excitée par une sotte vanité ? Nous
« voyons des gens heureux dont nous ne fai-
« sons pas le bonheur, et cela est insuppor-
« table. » Lolotte me regarda en riant de la
chaleur avec laquelle je parlois, et une larme

reimos de esta expresion, y el tambien rió
de todas veras ; y tanto que le dió una tos
que interronpio la conversacion por algunos
minutos : y despues el joven replicó en
estos terminos. « Quando haveis llamado á
« el mal humor, un vicio ; me parece que
« haveis exâgerado. Nada de eso, respondí
« yo, si se deve dar este nombre á todo lo
« que daña á nuestro proxîmo, y á nosotros
« mismos. No basta con que estemos en la
« imposibilidad de hacernos mutuamente
« felices ? Es tambien preciso que nos qui-
« temos, unos á otros el placer que cada
« corazon puede procurarse áun á si propio ?
« Nombradme un hombre atrabilario que
« tenga bastante ánimo para ocultar su mal
« humor, y soportarlo solo, para no turbar
« la alegria que le cerca. No es mas bien,
« un despecho interior de nuestra propia inu-
« tilidad, un descontento de nosotros mismos,
« á el qual se junta siempre un poco de en-
« vidia excitada por una vanidad tonta ?
« Vemos hombres felices, sin que nosotros
« les hagamos tales ; y esto es insoportable
« para nuestro amor propio. » Carlota me
miró riendose de la vehemencia con que yo
hablaba ; y algunas lagrimas que observé en
los ojos de Federica me animaron á conti-

que je remarquai dans l'œil de Frédérique
m'aiguillonna à poursuivre. « Malheur, dis-
« je, à ceux qui abusent du pouvoir qu'ils
« ont sur un cœur pour lui dérober les plai-
« sirs simples qui germent de lui-même !
« Tous les dons, toutes les complaisances
« possibles, ne nous dédommagent point d'un
« instant de plaisir dont nous aurions joui
« en nous-mêmes, et où l'envie et la con-
« duite désagréable de notre tyran ont versé
« l'amertume. » Tout mon cœur étoit plein
en ce moment ; mille souvenirs se pressoient
en foule dans mon ame, et les larmes me
vinrent aux yeux.

« Celui, m'écriai-je, qui se diroit seule-
« ment chaque jour : Tu n'as d'autre pouvoir
« sur tes amis que de leur laisser leur joie,
« et d'augmenter leur bonheur en le parta-
« geant avec eux. Peux-tu, quand leur ame
« est bourrelée par quelque passion affli-
« geante, tourmentée par la douleur, peux-
« tu leur procurer le moindre soulagement ?

« Et lorsque la dernière, l'effrayante ma-
« ladie accable cette créature que tu as mi-
« née au milieu de ses beaux jours ; lors-
« qu'elle est couchée dans le plus triste abat-
« tement ; que son œil, privé de sentiment,
« regarde vers le ciel ; que la sueur de la

nuar. « Ynfelices de aquellos que abusan
« del poder que tienen sobre un corazon,
« para robarle los placeres sencillos que
« brotan en el ! Todos los dones, todas las
« complacencias posibles no nos recompen-
« san de un instante de placer, de que hu-
« vieramos gozado en nosotros mismos, y
« el que la envidia y la fantastica conducta
« de nuestro tirano, han llenado de amar-
« gura. » Mi corazon estaba lleno de pasion
en este instante : mil ideas se apresuraban
en mi alma, mis ojos se cubrian de lagrimas.

« Quien es aquel que se dirá cada dia :
« Tu no tienes mas poder sobre tus amigos
« que el de dexarlos su alegria, y de aumen-
« tar su felicidad, dividiendola con ellos.
« Quando su alma se halla despedazada por
« una pasion que la aflige, atormentada por
« el dolor, puedes procurarla el mas minimo
« consuelo?

« Y quando la ultima, la espantosa en-
« fermedad destruye á esa criatura á quien
« tu has mortificado tanto en el seno de sus
« dias felices; quando recostada en su lecho,
« se ve en el mas triste abatimiento, que
« leyanta á el cielo, sus ojos quasi privados

« mort paroît et disparoît sur son front, et
« que, debout auprès de son lit comme un
« désespéré, elle sent avec douleur que tu ne
« peux rien avec tout ton pouvoir ; que ton
« ame serrée est à la torture ; que tu don-
« nerois tout pour faire passer dans cette
« créature qui touche à sa destruction, le
« plus petit restaurant, une étincelle de cou-
« rage.... »

A ces mots, le souvenir d'une scène semblable, à laquelle j'ai été présent, vint
m'assaillir dans toute sa force. Je mis mon
mouchoir devant mes yeux, et quittai la
compagnie ; et je ne revins à moi qu'à la
voix de Lolotte, qui me dit qu'il falloit
partir. Comme elle me querella en chemin
sur le trop vif intérêt que je prenois à tout !
que j'en serois victime ! que je devois me
ménager ! O ange du ciel ! il faut que je
vive pour toi !

« de sensacion, que el sudor de la muerte
« parece y desparece alternativamente sobre
« su rostro, y que tú, que estas enpie cerca
« de su lecho te despedazas, y sientes con
« la mayor pena que nada puedes, con todo
« tu poder, que tu alma se ahoga, y se
« atormenta, que todo lo darias por poder
« fortificar á esta criatura que toca ya á su
« fin, ó inspirarla una chispa de valor....»

Estas palabras me hicieron acordar con la
mayor fuerza de un suceso en todo semejante y á el qual yo havía estado presente.
Cubrí mis ojos con el pañuelo, me retiré
de la compañia, y solo volví en mi, quando
oí la voz de Carlota, que me decía que nos
marchasemos. Como ella me regaño por el
camino sobre el interes demasiado vivo,
que yo tomaba en todo, y del qual deciá,
que yo seria la victima, por lo que deviá
retenerme. O angel del cielo ! es menester
que yo viva, porque que tu lo quieres.

LETTRE XV.

ELLE est toujours auprès de son amie mourante, toujours la même, toujours cette créature affable et bienfaisante, dont les regards, par-tout où ils se portent, adoucissent la douleur, et font des heureux. Elle alla hier au soir à la promenade avec Marianne et la petite Amélie. Je le savois, je les rencontrai, et nous allâmes ensemble. Après avoir marché pendant une heure et demie, nous retournâmes vers la ville, à cette source qui m'est si chère, et qui me le devint bien davantage lorsque Lolotte s'assit sur le petit mur. Je regardois autour de moi, hélas! et je me rappelai ce temps où mon cœur étoit seul. « Chère fontaine, « dis-je, il y a long-temps que je ne « me repose plus à ta fraîcheur, et que, « passant en hâte auprès de tes bords, il « m'arrive souvent de ne point te regarder. » Je jetai les yeux en bas, et j'apperçus Amélie qui montoit avec beaucoup d'empressement, tenant un verre d'eau. Je regardois

CARTA XV.

6 de julio.

CARLOTA esta siempre al lado de su moribunda amiga, siempre la misma, siempre esta criatura afable y benefica, cuyas miradas á qualquiera parte que se extiendan, dulcifican el dolor, y hacen felices á las personas. Ayer tarde fué á paseo con Mariana, y la pequeñita Amelia. Yo lo sabía, procuré encontrarla, y fuimos juntos. Depues de haver andado como una hora y media, volvimos, acia el pueblo, y fuimos á la fuente, que sabes que me gusta tanto, y que me ha gustado áun mas quando he visto á Carlota sentarse sobre el pequeño muro. Miré á mi rededor, me acordé del tiempo en que mi corazon se hallaba enteramente solo. « Fuente querida, dixe yo, « quanto tiempo ha que no vengo á descan- « sar á tu orilla, y á gozar de tu frescura; « paso de priesa á tu lado, y muchas veces « me sucede el no mirarte siquiera. » Miré acia baxo, y vi á Amelia que subia con mucha apresuracion con un vaso de agua en

Lolotte, et je sentis tout ce que je possédois en elle. Cependant Amélie parut avec son verre; Marianne vouloit le lui prendre. « Non, s'écria cette enfant avec la plus douce expression; « ma chère Lolotte, il faut que « tu boives la première. » Je fus si transporté de la vérité, de la bonté de cette exclamation, que je ne trouvai d'autre moyen d'exprimer mon ravissement que de prendre l'enfant dans mes bras, et de la baiser avec tant de vivacité, qu'elle se mit à crier et à pleurer. « C'est fort mal fait, me dit Lo- « lotte. » J'étois saisi. « Viens, continua- t-elle en la prenant par la main, et lui fai- sant descendre les degrés; « lave-toi vite « dans cette eau fraîche, vîte, et il ne t'en « arrivera rien. » Avec quelle attention je regardois la pauvre enfant se frotter les joues avec ses petites mains mouillées, dans la ferme croyance que cette source miracu- leuse lavoit toute souillure, et lui sauvoit l'affront de se voir pousser une vilaine barbe! Comme Lolotte lui disoit : « En voilà assez! » et comme elle continuoit de se laver avec empressement, comme s'il eût mieux valu le faire plus que moins! Te le dirai-je, Guillaume? jamais je n'assistai à un bap- tême avec plus de respect; et, lorsque Lo-

la mano. Miré á Carlota, y me serepresentó
quanto poseía yo con ella. Amelia llegó
en esto, con su vaso. Mariana queria qui-
tarselo. « No, exclamó esta niña con la mas
« tierna expresion, mi querida Carlota, tu
« has de beber la primera. » Arrebatome
tanto la viveza, la bondad de esta exclama-
cion, que yo no hallé otro medio de expre-
sarla mi transporte, que tomandola en mis
brazos y besandola con la mayor viveza,
por lo que ella comenzó á llorar y á gritar.
« Es muy mal hecho, » me dixó Carlota.
Yo estaba sobre cogido. « Ven, añadió ella
tomandola de la mano, y haciendola baxar
las escaleras; « lavate pronto en esa agua
« fresca, pronto, y no te sucederá nada. »
Con que atencion miré yo á la pobre criatura frotarse las megillas, con sus manecitas
mojadas, en la firme creencia que esta mi-
lagrosa fuente lavaba toda mancha, y la
quitaba la afrenta de haver sido tocada por
una barba impura! Como Carlota la decia:
« Basta! » y como ella seguia lavandose de-
priesa, como si valiese mejor hacerlo mas
que menos veces! Te lo diré, Guillermo?
jamas he asistido á un bautismo con mas
respeto; y quando Carlota subió, me havria
prosternado de buena gana á sus pies, como

lotte remonta, je me serois volontiers pros-
terné devant elle, comme devant un prophète
qui vient d'expier les iniquités d'un peuple.

Le soir, je ne pus, dans la joie de mon
cœur, m'empêcher de raconter cette petite
aventure à quelqu'un à qui je supposois le
sens commun, parce qu'il a de l'esprit ;
mais que j'étois loin de compte ! Il me dit
que Lolotte avoit eu grand tort ; qu'on ne
devoit rien faire accroire aux enfants ; que
cela donnoit lieu à une infinité d'erreurs et
de superstitions ; qu'on devoit, de bonne
heure, tenir les enfants en garde contre leurs
prestiges. Alors je me rappelai qu'il n'y
avoit que huit jours qu'il avoit fait bapti-
ser un des siens ; c'est pourquoi je n'insistai
pas davantage, et, dans le fond de mon
cœur, je demeurai fidèle à cette vérité.
Nous devons en agir avec les enfants comme
Dieu en agit avec nous ; il fait notre plus
grand bonheur de nous laisser errer chance-
lants dans des opinions flatteuses.

á los de un profeta que viene á expiar las
iniquidades de un pueblo.

Por la noche no pudé menos, en la alegria de mi corazon, de contar esta aventura
á uno que yo suponia tendria talento porque
tenia viveza de espiritu : pero quan equi-
vocado estaba yo ! Me dixó que Carlota havia hecho mal ; que no se devia hacer creer
nada á los muchachos ; pues esto daba lugar
á una infinidad de errores, y supersticiones ;
que era menester acostumbrar á los niños
desde el principio, á precaverse contra las
preocupaciones. Acordemé entonces que solo
hacia ocho dias que el havia hecho bauti-
zar á uno de sus hijos, y no insistí mas :
pero yo permanecí fiel á esta verdad, en el
fondo de mi corazon. Devemos obrar con
los niños, como Dios obra con nosotros :
hace consistir nuestra mayor felicidad en
dexarnos vagar titubeando en opiniones li-
songeras.

LETTRE XVI.

Du 8 juillet.

Qu'o n est enfant ! Pourquoi donc soupirer avec tant d'ardeur après un regard ? Qu'on est enfant ! Nous étions allés à Wahlheim ; les dames sortirent en voiture, et, pendant notre promenade, je crus voir dans les yeux noirs de Lolotte..... Je suis un fou ; pardonne-le-moi. Il falloit les voir ces yeux ! Que je sois bref, car mes paupières tombent de sommeil. Voilà donc que les femmes montèrent en voiture, autour de laquelle nous étions W..., Selstad, Audran et moi. L'on causa par la portière avec ces Messieurs, qui sont assez légers et étourdis. Je cherchois les yeux de Lolotte : ils se portoient tantôt sur l'un, tantôt sur l'autre. Mais moi, moi, qui étois entièrement, uniquement occupé d'elle, ils ne tomboient point sur moi ! Mon cœur lui disoit mille adieux, et elle ne me voyoit point ! La voiture passa, et je sentis une larme prête à couler. Je la suivois de l'œil ; je vis la coiffure de Lolotte sortir de la portière ; et elle se re-

CARTA XVI.

8 de julio.

QUAN niños somos! Porque el suspirar con tanto ardor por una mirada? Haviamos ido á Wahlheim : las señoras salieron en coche : y mientras nuestro paseo, yo crei ver en los ojos negros de Carlota.... Soy un loco : perdonamelo. Devias haver visto estos ojos ! Seré corto, porque mis parpados estan cargados de sueño. Las señoras entraron en el coche, á cuyo lado estabamos W...., Selstad, Audran, y yo. Hablaron por la portezuela con todos estos señores, que son bastante ligeros y atolondrados. Yo buscaba los ojos de Carlota, que miraban ya á un lado, ya á otro. Pero á mi, á mi que estaba enteramente ocupado de ella, á mi, no me miraban ! Pasó el coche, y vi las lagrimas correr. Seguila con los ojos : vi su peynado que se distinguia por la portezuela : y ella volvió á mirar, ah ! diré á

tourna pour regarder, hélas ! dirai-je moi ?
Mon ami, je flotte dans cette incertitude.
Cela me console. Peut-être s'est-elle retour-
née pour me voir ; peut-être.... Bonne nuit.
Oh ! que je suis enfant !

LETTRE XVII.

Le 10 juillet.

Je voudrois que tu visses la sotte figure
que je fais lorsqu'on vient à parler d'elle dans
la société, sur-tout quand on me demande
si elle me plaît.... Plaît ! ce mot me déplaît
à la mort. Quel homme ce doit être que celui à qui Lolotte plaît, dont elle ne remplit
pas tous les sens, toutes les facultés ! Plaît !
quelqu'un me demandoit dernièrement si
Ossian me plaisoit.

LETTRE XVIII.

Le 11 juillet.

Madame M..... est très-mal. Je prie
pour sa vie, parce que je souffre avec Lolotte. Je la vois rarement chez mon amie ;

mi? Amigo mio, floto, vago en esta incertidumbre. Esto me consuela. Tal vez se volvió para verme. Tal vez..... Buenas noches. Oh! quan niño soy!

CARTA XVII.

QUERRIA que vieses la tonta figura que yo hago, quando se llega á hablar de ella en la sociedad, y sobre todo quando me preguntan si me gusta.... Me gusta! Esta palabra me desagrada de muerte. Quien será el hombre que no gustará de Carlota, que no se llenará sus sentidos, sus facultades de la idea de este muger! Gusta! Uno me preguntaba ultimamente si Ossian me gustaba.

CARTA XVIII.

LA señora M.... esta muy mala. Deseo que viva, porque padezco con Carlota. Rara vez la veo en casa de mi amiga; y ella me

et elle m'a conté aujourd'hui une aventure surprenante. Monsieur M..... est un vieux ladre qui a bien tourmenté sa femme, à qui il a rogné les ailes de fort près. Cependant celle-ci a toujours trouvé le moyen de se soutenir. Il y a quelques jours que le médecin lui ayant déclaré qu'elle ne pouvoit pas en revenir, elle fit appeler son mari, et lui parla ainsi, en présence de Lolotte : « Il faut « que je te confesse une chose qui pourroit « être après ma mort une source de trouble « et de chagrin. J'ai conduit le ménage jus- « qu'ici avec autant d'ordre et d'économie « qu'il m'a été possible ; mais, pardonne-le- « moi, je t'ai trompé depuis trente ans. Tu « ne fixas, au commencement de ton ma- « riage, qu'une somme très-modique pour « la table et les autres dépenses de la maison. « A mesure que notre ménage est devenu « plus considérable, je n'ai pu gagner sur « toi que tu augmentasses la somme que tu « me donnois pour chaque semaine, et que, « dans le temps de nos plus fortes dépenses, « tu exigeas qu'elle ne passât pas un florin « par jour. Je l'acceptai sans réplique, et « pris chaque semaine l'excédant de ma dé- « pense dans le coffre à la monnoie, bien « assurée qu'on ne soupçonneroit jamais une

ha contado hoy mismo una aventura que
sorprende. El señor M.... es un viejo ro-
ñoso que ha atormentado muy bien á su
muger, cortandola las alas bien á raiz. Sin
embargo, esta ha sabido siempre ingeniarse.
Haviendola dias ha declarado el medico que
no podía salir de esta enfermedad, hizó
venir á su marido, y le habló en estos tér-
minos delante de Carlota. « Es necesario
« que te confiese una cosa que despues de
« mi muerte podria ser un motivo de in-
« quietud y de pena. Hasta ahora hé gover-
« nado la casa con todo el orden y economia
« que me ha sido posible pero te devo pedir
« perdon, pues que te he engañado treinta
« años seguidos. Desde el principio de tu
« casamiento tu no fixastes mas que una
« suma muy corta, para los gastos de mesa
« y demas de la casa. Nuestros gastos se
« han aumentado, y jamas he podido lograr
« contigo, que aumentases la suma que me
« dabas para cada semana de modo, que en
« el tiempo de nuestras mayores gastos, exi-
« gias que no pasasen de un florin diario.
« He obedecido sin replicar; pero ha sido
« tomando cada semana lo que faltaba para
« cubrir mis gastos del cofre de la moneda,
« bien cierta en que jamas se sospecharia

« femme de voler la caisse de son mari. Je
« n'ai rien prodigué, et je serois même pas-
« sée sans aucun remords à l'éternité ; si je
« te fais cet aveu, c'est donc afin que celle
« qui doit conduire la maison après moi ne
« pouvant se soutenir avec le peu que tu lui
« donneras, tu ne sois pas dans le cas de lui
« objecter sans cesse que ta première s'en
« est contentée. »

Je réfléchis avec Lolotte sur cet aveuglement incroyable de l'humanité, qui fait
qu'un homme ne soupçonne aucun manége
dans une femme qui fait face à tout, avec
six florins, quand il voit peut-être pour le
triple de dépense. Au reste, j'ai connu des
gens qui vous auroient soutenu, sans étonne-
ment, qu'ils possédoient chez eux la cruche
d'huile inépuisable du prophète.

LETTRE XIX.

Le 13 juillet.

Non, je ne me trompe point ! je lis dans
ses yeux l'intérêt qu'elle prend à ma personne et à mon sort. Oui, je sens, et en cela

« que una muger robase á su marido. Nada
« he malgastado ; y sobre esto huviera pa-
« sado sin escrupulo alguno á la eternidad.
« Si te lo declaro es solo porque aquella
« que me suceda en el govierno de la casa,
« no podrá sostener seguramente el gasto
« con lo poco que tu das, y yo no quiero
« que tu te veas obligado á hecharla conti-
« nuamente en cara, que tu primera muger
« se contentaba con ello. »

Carlota y yo hemos reflexionado sobre
esta increyble ceguedad , que hace que un
hombre no sospeche manejo alguno en una
muger que hace cara á todos los gastos con
seis florines, quando ve por tres veces mas
de gasto. Sin embargo , yo he conocido algunas personas que os havrian sostenido , sin
causarles admiracion , que poseían el ina-
gotable cantaro de azeyte del profeta.

CARTA XIX.

13 de julio.

No, yo no me engaño. Leo en sus ojos el
interes que toma por mi persona, y por mi
suerte. Si conozco, y en esto yo devo fiar-

je dois m'en fier à mon cœur, qu'elle.....
Oserai-je proférer ce mot, qui est pour moi
le bonheur du ciel? je sens qu'elle m'aime.

Est - ce témérité, ou bien le sentiment
intérieur de la réalité? Je ne connois point
d'homme dont je puisse craindre quelque
chose dans le cœur de Lolotte; et cependant,
lorsqu'elle parle de son prétendu avec toute
la chaleur, tout l'amour possible, je me
trouve dans l'état d'un homme que l'on dé-
grade de noblesse, que l'on dépouille de ses
charges, et que l'on force à rendre son épée.

LETTRE XX.

Le 16 juillet.

OH! quel sentiment passe dans toutes mes
veines lorsque, par hasard, mon doigt vient
de toucher le sien, lorsque nos pieds se rencontrent sous la table! Je les retire comme
du feu, et une force secrète m'en rapproche
malgré moi, tant est grand le délire qui
s'empare de tous mes sens! Hélas! son in-
nocence, la liberté de son ame, ne lui per-
mettent pas de sentir les tourments que ces

me á mi corazon, que ella..... Me atreveré
á proferir esta palabra que es para mi de
una dicha celestial ? Conozco que ella me
ama.

Es una temeridad, ó un sentimiento ín-
timo de la realidad ? No conozco hombre
alguno de quien pueda temer que me robe
el corazon de Carlota; y sin embargo, quando
ella habla de su futuro esposo con todo el
calor, todo el amor posible, me hallo en la
situacion de un hombre á quien degradan de
la nobleza, despojan de sus empleos, y
obligan á entregar su espada.

CARTA XX.

16 de julio.

Ah! que sensacion tan deliciosa corre por
todos mis venas, quando mi dedo toca, por
casualidad al suyo, quando nuestros pies se
tropiezan por debaxo de la mesa ! Los aparto
como si fuera de un fuego, y una fuerza
secreta me acerca á pesar mio, tal es el gran
delirio que se apodera de todos mis sentidos !
Ah ! su inocencia, la libertad de su alma,
no la permiten imaginar siquiera los tor-

petites privautés me font souffrir, sur-tout
lorsque, dans la conversation, elle pose sa
main sur la mienne, et que, dans l'intérêt
qu'elle prend à l'entretien, elle s'approche
assez de moi pour que le souffle céleste de
sa bouche puisse atteindre mes lèvres. Il me
semble que je vais en être anéanti, comme
un homme frappé de la foudre. Et, Guillaume, cette félicité céleste, cette confiance,
si jamais je m'avise... Tu m'entends. Non,
mon cœur n'est pas si corrompu. Il est foible! assez foible! mais n'est-ce pas là la
corruption?

Elle est sacrée pour moi. Tout desir s'é-
vanouit en sa présence. Je ne sais jamais
dans quel état je me trouve quand je suis
auprès d'elle; c'est comme si l'ame se ren-
versoit dans tous mes nerfs. Elle a un air
qu'elle joue sur le clavecin avec toute l'é-
nergie d'un ange; il est si simple, si plein
d'expression! C'est son air favori; et il dis-
sipe toutes mes peines, mes troubles, mes
chagrins, lorsqu'elle en joue seulement la
première note.

Je suis si affecté de ce chant tout simple,
que rien de ce qu'on nous dit de la magie
de la musique des anciens ne me paroît
choquer la vraisemblance. Comme elle sait

mentos que estas ligeras familiaridades, me
causan, sobre-todo quando en la conversacion, pone su mano sobre la mia, y que en
el interes que toma en ella, se acerca tanto
á mi, que el celestial aliento de su boca,
llega hasta mis labios. Me parece que voy
á ser anonadado, como un hombre herido
del rayo. Y Guillermo, esta felicidad celeste, esta confianza, si alguna vez yo me
atrevo.... Tu me entiendes. No, mi corazon no es tan corrompido. El debil, bastante
debil.... Pero, no es esto ser corrompido?

Ella es sagrada para mi. Todos los deseos
se desvanecen en su presencia. Jamas se en
que estado me hallo, quando estoy á su lado;
es lo mismo que si mi alma se deshiciese
en todos mis nervios. Hay una tocata que
ella executa con el clave con toda la energia
de un angel : es tan sencilla, tan llena de
expresion ! Es su tocata favorita ; y con solo
que ella execute la primera nota, disipa
todas mis penas, todas mis aflicciones, todas
mis inquietudes.

Me penetra de tal modo, esta sencilla tocata, que no me parece contrario á la vero-
similitud nada de quando nos refieren acerca
de la musica de los antiguos. Como ella sabe

l'amener dans des moments où je serois homme à me casser volontiers la tête ! alors le trouble, les ténèbres de mon ame se dissipent, et je respire avec plus de liberté.

LETTRE XXI.

Le 18 juillet.

GUILLAUME, qu'est-ce que le monde pour notre cœur, sans l'amour ? Ce qu'est une lanterne magique sans lumière. A peine y introduisez-vous la bougie, que votre muraille se peint d'abord des images bigarrées qu'elle représente. Et, quand il en seroit de même de l'amour ; quand ses jouissances ne seroient que des ombres, des fantômes passagers, ne nous rendent-elles pas aussi heureux, ne nous causent-elles pas autant de ravissement que la lanterne magique en donne à des enfants qui l'admirent ! Je n'ai pu aller aujourd'hui chez Lolotte ; une compagnie, que je n'ai pu éviter, m'en a empêché. Que faire ? J'y ai envoyé mon garçon, seulement pour avoir avec moi quelqu'un qui eût été aujourd'hui auprès d'elle. Avec quelle impatience je l'ai

executarla en aquellos instantes en que yo
seria capaz de romperme la caveza! Entonces se disipa la turbacion, las tinieblas de
mi alma, y respiro con mas libertad.

CARTA XXI.

18 de julio.

GUILLERMO, sin el amor, que es el
mundo para nuestro corazon? Lo que una lin-
terna magica sin luz. Apenas introduces la luz,
quando las imagines que ella representa, co-
mienzan á pintarse sobre la pared. Y aunque
en el amor no haya mas que estas fantasmas,
que pasan rapidamente, hacen sin embargo
nuestra dicha, quando estamos delante como
unos niños, y que nos sentimos arrebatados,
trasportados á la vista de estas maravillosas
ilusiones. Hoy no he podido ir á casa de
Carlota, unas personas, á las que no he
podido rehusarme, me lo han impedido.
Que haria pues? He embiado á mi criado
solo por tener conmigo, alguno que huviese
estado hoy á su lado. Con quanta impaciencia le he aguardado! Con que alegria le he
vuelto á ver! De buena gana, le huviera

6*

attendu ! avec quelle joie je l'ai revu ! Je l'aurois pris volontiers par la tête, et baisé, si une mauvaise honte ne m'avoit retenu.

On dit de la pierre de Bologne que, quand on l'expose au soleil, elle en attire les rayons, et peut éclairer une partie de la nuit. Il en étoit ainsi pour moi du jeune homme : l'idée que les yeux de Lolotte s'étoient reposés sur son visage, ses joues, les boutons et le collet de son surtout, me rendoit tout cela si sacré, si précieux, que, dans ce moment, je n'aurois pas donné le petit drôle pour mille écus. J'étois si aise d'être avec lui !.... Dieu te préserve d'en rire ! Guillaume, peut-on appeler cela des chimères, quand nous sentons tant de joie ?

LETTRE XXII.

Le 19 juillet.

JE la verrai, m'écrié-je le matin lorsque, m'éveillant dans toute la sérénité de l'ame, je porte mes regards vers le soleil. Je la verrai, et il ne me reste plus d'autre souhait pour le reste de la journée. Tout s'absorbe dans cette perspective.

cogido la cara y besadola, si la verguenza
no me huviera retenido.

Cuentan que la piedra de Bononia, quando
la dexan al sol, atrahe acia si sus rayos, y
puede luego alumbrar parte de la noche; lo
mismo me sucedia á mi con aquel joven :
la idea de que los ojos de Carlota se havrian
detenido á mirar su cara, sus megillas, los
botones, y el cuello de su casaca hacia todo
esto tan sagrado, tan precioso para mi, que
en aquel instante no huviera yo dado el
criado, por mil escudos. Me alegraba tanto
de estar con el ... Dios te guarde de reir!
Guillermo puede llamar á todas estas cosas
locas ilusiones, quando yo experimento
tanta alegria?

CARTA XXII.

19 de julio.

Yo la veré! exclamé por la mañana, quando
al dispertarme con toda la serenidad de mi
alma, extendí mis miradas acia el sol : yo
la veré! Y no me queda mas deseo que
este para todo lo restante del dia. Todo se
confunde en esta perspectiva.

LETTRE XXIII.

Le 20 juillet.

VOTRE idée que je devrois partir avec
l'ambassadeur de ***, ne sera pas encore la
mienne. Je n'aime pas autrement la dépen-
dance, et nous savons tous que cet homme
est d'ailleurs fort rebutant. Ma mère, dis-
tu, voudroit me voir occupé; cela me fait
rire : ne suis-je pas déjà actif? Et, dans le
fond, n'est-il pas indifférent que je compte
des pois ou des lentilles? Tout, dans ce
monde, se termine à des misères; et celui
qui, pour les autres, et sans y être porté
par sa propre passion, se tracasse pour de
l'argent, pour l'honneur ou pour tout ce qu'il
vous plaira, est toujours un fou.

LETTRE XXIV.

Le 24 juillet.

PUISQUE tu t'intéresses si fort à ce que
je ne néglige pas mon dessin; je serois
mieux de ne t'en point parler du tout, que
de te dire que, depuis long-temps, je fais
très-peu de chose.

CARTA XXIII.

20 de julio.

Tu opinion de que devo marchar con el embajador de * * *, no es áun la mia. Yo no gusto depender de nadie : y todos sabemos que este hombre es bastante desagradable. Dices que mi madre querria verme empleado : esto me hace reir. No tengo ya bastante ocupacion ? Y en la realidad, no es lo mismo que yo cuente guisantes, que lentejas ? Toda las cosas de este mundo, vienen á parar en niñerias; y el que por dar gusto á los demas, y no por seguir su propia inclinacion, se inquieta por el dinero, por los honores, ó por qualquiera otra cosa, es siempre un loco.

CARTA XXIV.

24 de julio.

Pues que tomas tanto interes en que no descuide el dibujo, será mejor que calle que decirte que de mucho tiempo á esta parte no hago nada de provecho.

Jamais je ne fus plus heureux, jamais je ne fus plus intimement, plus fortement pénétré du sentiment de la nature, jusqu'au caillou, jusqu'à un brin d'herbe; et cependant.... Je ne sais comment m'exprimer; mon imagination est si affoiblie! Tout nage et chancelle devant mon ame, au point que je ne puis saisir un contour; il me semble pourtant que, si j'avois de l'argile ou de la cire, je modèlerois bien ce que je sens. Si cela dure, je prendrai de la terre, et je la pétrirai, dussé-je ne faire que des lampions.

J'ai commencé trois fois le portrait de Lolotte, et trois fois j'ai eu l'affront de le manquer; ce qui me fâche d'autant plus, qu'il n'y a pas bien long-temps que j'attrapois très-heureusement la ressemblance; en conséquence, j'ai fait son portrait à la silhouette, et cela me suffira.

LETTRE XXV.

Le 26 juillet.

JE me suis déjà promis bien des fois de ne la pas voir si souvent, mais qui pourroit tenir cette promesse? Chaque jour je suc-

Jamas he sido mas feliz; jamas me he sentido mas intima, mas fuertemente penetrado del espectaculo de la naturaleza; hasta un guijarro, una yerbecita, y sin embargo... No se como explicarme : mi imaginacion está tan debilitada! Todo vaga y se agita delante de mi alma, de modo que no puedo coger un solo contorno : me parece, no obstante, que si yo tubiese barro ó cera, modelaria muy bien, quanto concíbo. Si esto dura asi, tomaré barro comun, y modelaré algo aunque no haga mas que muñecos.

Tres veces he comenzado el retrato de Carlota, y tres veces he tenido la verguenza de equivocarlo : lo qual me enfada con tanto mas motivo quanto que poco tiempo hace, que yo cogia muy bien su semejanza : de consiguiente he hecho su retrato de perfil, y esto me bastará.

CARTA XXV.

26 de julio.

MUCHAS veces me he prometido de no verla tan amenudo; pero quien podrá cumplirlo? Todos los dias caygo en la tentacion

combe à la tentation, en me promettant sin-
cèrement de n'y point aller le lendemain ;
et, lorsque le lendemain arrive, je trouve
encore une raison irrésistible ; et, avant que
j'y pense, je me trouve chez elle. Ou elle
m'aura dit le soir : On vous verra demain ?
Qui pourroit, après cela, n'y pas aller ? Ou
bien le jour est trop beau, je vais à Wahlheim ; et puis, quand je suis là, il n'y a
plus qu'une demi - lieue jusqu'à son logis !
Je suis trop avancé dans son atmosphère ;
zeste ! je m'y trouve. Ma grand'mère avoit
un certain conte de la montagne d'aimant :
les vaisseaux qui s'en approchoient de trop
près se trouvoient tout à coup dégarnis de
leurs ferrures ; les clous voloient vers la
montagne ; et les malheureux matelots s'a-
bymoient entre les planches écroulées les
unes sur les autres.

LETTRE XXVI.

Le 30 juillet.

ALBERT est arrivé ; je m'en irai, fût-il
le plus excellent, le plus noble de tous les
hommes. Quand je conviendrois même que

al mismo tiempo que prometo inviolable-
mente, de no ir á la mañana siguiente, y
de que esta llega, hallo áun una razon irre-
sistible; y antes de reflexîonarlo, me hallo
en su casa : ó ella me havrá dicho por la
noche, mañana nos veremos? O si no, el
dia esta bueno : voi á Wahlheim; y quando, me hallo en el, no queda mas que una
media legua hasta su casa! Estoy demasiado
envuelto en su atmosfera; y vedme alli en
un instante! Mi abuelo sabia cierto cuento
de la montaña de iman : los baxeles que se
acercaban demasiado perdian en un minuto
todo su herrage; los clavos se iban volando
acia la montaña, y los infelices marineros
se sumergian entre las tablas que se arrui-
naban unas sobre otras.

CARTA XXVI.

30 de julio.

ALBERTO ha llegado : yo me marcharé.
Aunque fuese el mas excelente, el mas noble
de todos los hombres, áun quando yo con-

je lui suis inférieur à tous égards, il me
seroit impossible de le voir posséder devant
moi tant de perfections. Posséder !.... Il
suffit, Guillaume, le prétendu est arrivé;
c'est un bon et honnête garçon, qu'on ne
peut haïr. Heureusement je ne fus pas présent à sa réception ! elle m'eût déchiré le
cœur. D'ailleurs, il est si honnête, qu'il n'a
pas encore embrassé Lolotte une seule fois
en ma présence. Dieu le lui rende. Que je
lui sais bon gré du respect qu'il a pour elle !
Il me veut du bien, et je présume que c'est
l'ouvrage de Lolotte, plutôt que l'effet de
sa propre inclination; car les femmes sont
toujours délicates en cela, et elles ont raison. Quand elles peuvent entretenir deux
hommes en bonne intelligence, quelque rare
que cela soit, le profit en est toujours pour
elles.

Du reste, je ne puis refuser mon estime
à Albert : son extérieur tranquille contraste
si parfaitement bien avec la turbulence de
mon caractère, qu'il m'est impossible de le
cacher; il est fort sensible, et il sait ce qu'il
possède en Lolotte. Il paroît fort peu sujet
à la mauvaise humeur; et tu sais que c'est le
péché que je hais dans un homme plus que
tous les autres.

viniese en que le era inferior de todos mo-
dos, me seria imposible el verle poseer en
mi presencia, tantas perfecciones. Poseer!..
Basta, Guillermo, el novio ha llegado. Es
un joven bueno y honrado, que nadie puede
aborrecer. Por fortuna yo no estube presente
á su entrada! Me huviera despedazado el
corazon. Ademas de esto, es tan honrado
que ni una sola vez se ha atrevido aun á
abrazar á Carlota en mi presencia. Dios se
lo pague! Quanto le agradezco el respeto
que la tiene! Me demuestra mucha estima-
cion, pero yo creo que esto proviene aun
mas de Carlota, que de un efecto de su
propia inclinacion; porque las mugeres son
muy delicadas en este punto, y tienen razon: quando pueden hacer que dos hombres vivan en buena inteligencia, aunque
esto no es muy frequente, lo hacen, y el
provecho es seguramente para ellas.

Sin embargo, no puedo rehusar mi esti-
macion á Alberto: su exterior tranquilo
contrasta tan perfectamente bien, con mi
caracter turbulento, que me es imposible
el ocultarlo. Es muy sensible, y conoce
quanto posee con Carlota. Me parece que no
padecerá de mal humor; y tu sabes que es
el pecado que mas aborrezco en los hombres.

Il me regarde comme un homme de bon sens ; et mon attachement pour Lolotte, le vif intérêt que je prends à toutes ses actions, augmente son triomphe ; il ne l'en aime que davantage. Je n'examine point s'il ne la tourmente pas, dans le particulier, par quelques petits mouvements de jalousie ; à sa place, je ne serois pas trop rassuré, et je craindrois bien que le diable ne me jouât quelque tour.

Quoi qu'il en soit, la joie que j'avois à être auprès de Lolotte a disparu. Dirai-je que c'est folie ou aveuglement ? Qu'importe le nom ? La chose s'explique d'elle-même. Je savois, avant l'arrivée d'Albert, tout ce que je sais aujourd'hui ; je savois que je ne devois avoir aucune prétention sur elle, et je n'en avois aucune.... s'entend, s'il est possible de ne sentir aucun désir auprès de tant de charmes. A peine l'astre paroît effectivement, et enlève la belle, que voilà le nigaud resté avec de grands yeux et un air stupide.

Je grince les dents en dépit de ma misère ; et je me dépiterois doublement, triplement, contre ceux qui me diroient que je dois prendre mon parti, et que, puisque la chose

Me mira como hombre de talento; y mi amistad con Carlota, y el vivo interes que tomo en todas sus acciones, aumenta su triunfo, y hace que la ame áun mas. No me meto en averiguar si no la atormenta á solas, con algunos ligeros movimientos de zelos; si yo estubierá en su lugar no me mantendria muy tranquilo, y temeriá á cada instante que el diablo me diese algun chasco.

Sea como sea, la alegria que yo tenia en hallarme con Carlota, ha desaparecido. Diré que es locura, ó ceguedad? Pero que importa el nombre? La cosa es bien clara de explicar. Antes de la llegada de Alberto, sabía quanto sé hoy en dia : no ignoraba que no devia formar sobre ella, pretension alguna, y tampoco la havia formado.... Bien entendido, si es posible dejar de sentir deseo alguno, al lado de tanto merito. Apenas llega el otro, y se alza con la dama, quando ved aqui, al bobo que se queda abriendo tanto ojo, y con el aire mas estupido.

Rechino los dientes de despecho de mi infelicidad: y de otro modo me enojaré con el que me diga, que debo tomar mi partido, y que como esto no podia suceder de

ne sauroit être autrement.... Au diable les raisonneurs! Je rôde dans les bois ; et, quand je m'approche de Lolotte, que je vois Albert assis auprès d'elle sous le berceau du petit jardin, et que je ne puis aller plus loin, il me prend une joie qui tient de la folie, et je leur fais mille tours et mille singeries. « Au nom de Dieu, m'a-t-elle dit aujour- « d'hui, plus de scènes comme celle d'hier « au soir! vous êtes effrayant quand vous « êtes si gai. » Entre nous, j'épie le temps où il a affaire ; je ne fais qu'un saut jusque chez elle ; et je suis toujours content lorsque je la trouve seule.

LETTRE XXVII.

Le 8 août.

DE grace, cher Guillaume, crois que je ne t'avois point en vue lorsque j'écrivois : *Au diable les raisonneurs!* Je ne pensois pas alors que tu dusses être du même sentiment. Au fond, tu as raison. Un mot seulement. Mon ami, dans le monde, rarement nos af-

otro modo.... *Vayan al diablo, todos los razonadores!* Me extravio en los bosques; y quando me acerco á Carlota, y veo á Alberto sentado á su lado baxo la boveda del jardinito, y que yo no puedo ir mas lejos me entra una alegria, que parece una verdadera locura, y les hago mil gestos y mil monadas. « En nombre de Dios os pido, « me ha dicho hoy Carlota, que no hagais » lo que ayer noche : estais espantoso, quan- « do estais tan alegre. » Pero aqui para no- sotros dos, yo acecho el instante en que el tiene que hacer; de un brinco me planto en su casa, y siempre que logro hallarla sola, estoy contento.

CARTA XXVII.

8 de agosto.

Por favor te pido, querido Guillermo, que creas que quando yo escribía, no hacia alusion á ti. *Vayan al diablo todos los ra- zonadores!* Yo no pensaba entonces que tu serias de la misma opinion. Tu tienes razon, en quanto al fondo de la cosa. Pero escu- chame una palabra sola. Amigo mio, en

faires dépendent-elles d'une alternative. Il y a autant de nuances entre les sentiments et les façons d'agir, que de gradations entre un nez plat et un nez aquilin.

Tu ne trouveras pas mauvais si, en te concédant ton argument tout entier, je tâche aussi de me sauver à travers les alternatives.

Ou tu as quelques espérances sur Lolotte, me dis-tu, ou tu n'en as aucune. Bon! dans le premier cas, cherche à les remplir, cherche à embrasser tout ce qui peut tendre à l'accomplissement de tes desirs. Dans le second cas, ranime ton courage, et cherche à te délivrer d'un sentiment funeste, qui ne peut que consumer tes forces. —Mon cher, cela est bien dit, et.... bientôt dit.

Peux-tu exiger d'un malheureux qui, en proie à une maladie de langueur, voit sa vie se consumer insensiblement; peux-tu exiger de lui qu'il termine, tout de suite, son tourment par un coup de poignard? et le mal qui détruit ses forces ne lui ôte-t-il pas en même temps le courage de s'en délivrer? Il est vrai que tu pourrois me répondre par une comparaison analogue à ce que je dis; Quel est l'homme qui n'aimeroit pas

este mundo es muy raro poderse libertar
de un negocio, con solo dilemas: hay tantas
graduaciones entre las opiniones, y el modo
de obrar, como entre una nariz chata, y
una nariz aguileña.

No creo que tomaras á mal, si concedien-
dote tu argumento enteramente, procure
salvarme tambien, por entre las alternativas.

O tienes alguna esperanza de Carlota, dices tu, ó no tienes ninguna. Muy bien! En
el primer caso procura verificarlas, procura
valerte da todos los medios que pueden ser-
virte á lograr tus deseos. En el segundo caso,
reanima tu valor, y haz por libertarte de
una pasion funesta que solo puede servir á
consumir tus fuerzas. Amigo querido, todo
esto esta muy bien hablado, y .... pronta-
mente hablado.

Puedes exîgir de un infeliz que, oprimido
por una enfermedad de languidez, ve con-
sumirse su vida insensiblemente; puedes
exîgir de el, que termine en un instante sus
tormentos, con un puñal? y el mal que
destruye sus fuerzas, nó le quita al mismo
tiempo el valor de libertarse de el?

Es verdad que puedes responderme con
una comparacion analoga á la mia, y decir:
Qual el hombre que no querra mejor dexarse

I.   7

mieux se laisser couper le bras, si, en ba-
lançant à le faire, il mettoit sa vie en danger ? Je ne sais. Mais nous ne voulons pas
nous piquer par des comparaisons. Bref. Oui,
Guillaume, j'ai quelquefois de ces moments
où il me prend des élans de courage pour
secouer mes maux ; et si alors je savois où
aller, j'irois bien volontiers.

LETTRE XXVIII.

Le 10 août.

Je pourrois mener la vie la plus douce
et la plus heureuse, si je n'étois pas un fou.
Il n'est pas aisé de trouver, pour réjouir le
cœur d'un homme, le concours de circons-
tances aussi favorables que celles où je me
trouve actuellement. Tant il est vrai, hélas !
que notre cœur fait seul son bonheur ! Être
un des membres de cette aimable famille,
aimé des parents comme un fils, des petits
enfants comme un père, de Lolotte.... Et
cet honnête Albert, qui ne trouble mon
bonheur par aucune boutade ; qui m'embrasse avec l'amitié la plus cordiale, et pour
qui je suis, après Lolotte, ce qu'il a de plus

cortar un brazo, que arriesgarse á perder la vida entre la duda y el temor? No lo sé; pero no creo que querras que nos disputemos á comparaciones. En pocas palabras. Sí, Guillermo, algunas veces tengo instantes, eu que me acometen estos arrebatos de valor, para librarme de mis males; y si supiese, adonde ir, yo me iria con gusto.

CARTA XXVIII.

10 de agosto.

Sı yo no fuese un loco, podria pasarme la vida mas dulce y mas feliz. No es facil hallar reunidas circunstancias tan favorables para alegrar el corazon de un hombre, como aquellas en que actualmente me hallo. Es pues cierto, que nuestra felicidad depende unicamente de nuestro corazon. Ser un miembro de esta amable familia, amado de los padres como un hijo, de los niños como un padre, de Carlota.... Y este honrado Alberto que no turba mi felicidad con zelos ó mal humor; que me abraza con la mas cordial amistad, y para el qual yo soy despues de Carlota, lo que el estima mas

cher au monde...... Guillaume, c'est un plaisir de nous entendre lorsque nous allons à la promenade, et que nous nous entretenons de Lolotte : on n'a jamais rien imaginé dans le monde de si plaisant que notre situation ; et cependant elle me fait souvent venir les larmes aux yeux.

Quand il me parle comme cela de sa digne mère, et qu'il me conte comme, étant au lit de la mort, elle remit sa maison et ses enfants à Lolotte ; comme elle les lui recommanda à lui-même ; comme, depuis ce temps-là, elle est animée d'un tout autre esprit ; comme elle a pris à cœur le soin du ménage, et s'est rendue une véritable mère ; comme tous ses instants sont marqués par quelques preuves de son amitié, ou quelques productions de son travail ; et, comme, malgré tout cela, elle a su conserver toute sa vivacité et son enjouement, je marche à son côté ; je cueille des fleurs qui se rencontrent sur mon passage ; je les assemble avec beaucoup de soin en forme de bouquet ; puis.... je les jette dans la rivière qui coule aux environs, et je m'arrête à les voir s'enfoncer insensiblement. Je ne sais si je t'ai écrit qu'Albert restera ici, et qu'il va obtenir de la cour, où il est fort aimé, un

en este mundo.... Guillermo, es un gozo
el oirnos quando vamos á paseo, y que hablamos de Carlota : jamas se ha imaginado
cosa tan chistosa como nuestra situacion ; y
sin embargo, algunas veces me hace venir
las lagrimas á los ojos.

Quando me habla de su respetable madre,
y me cuenta como estando á la muerte encargó á Carlota su casa , y sus hijos, y
Carlota á el mismo: como desde este tiempo
ella se siente animada de un espiritu diferente ; como se ha vuelto una verdadera
madre, por el cuidado que tiene de la economia domestica ; como no se pasa un solo
instante sin que añada nuebas pruebas de su
amistad, ó presente alguna produccion de su
trabajo ; y como , á pesar de todo esto, ella
ha sabido conservar toda su natural viveza,
y alegria. Yo camino á su lado : cojo las
flores que se encuentran de paso ; las reuno
con el mayor cuidado, formo algunos ramilletes y despues.... los arrojo al rio , que
corre al lado, y me paro á verlas sumergirse
insensiblemente. No se si he escrito que
Alberto permanecerá aqui, y que alcanzará
de la corte , donde es muy querido, un
muy bonito empleo. He visto pocas perso-

emploi d'un joli revenu. J'ai vu peu de personnes qu'on puisse lui comparer pour l'ordre et l'application dans les affaires.

LETTRE XXIX.

Le 12 août.

En vérité, Albert est le meilleur homme qui soit sous le ciel ; j'eus hier une scène singulière avec lui. J'étois allé chez lui pour prendre congé ; car il m'avoit pris envie, pour changer, de me promener à cheval sur la montagne, d'où je t'écris même aujourd'hui. Comme j'allois et venois dans sa chambre, j'apperçus ses pistolets : « Prête-moi, « lui dis-je, ces pistolets pour mon voyage. « — De tout mon cœur, si tu veux bien « prendre la peine de les charger ; car, pour « moi, je les ai seulement pendus ici *pro* « *forma.* » J'en pris un ; Albert continua : « Depuis le mauvais tour que m'a joué ma « prévoyance, je ne veux plus avoir rien à « démêler avec cette arme. » Je fus curieux de savoir cette histoire. « J'ai bien resté, « me dit-il, l'espace de six mois à la cam- « pagne chez un de mes amis ; j'avois une

nas que le igualen en el orden, y en la aplicacion á los negocios.

CARTA XXIX.

12 de agosto.

ALBERTO, es seguramente, el mejor
hombre de la tierra : ayer me pasó con el,
un lanze bien singular. Havia yo ido á su
casa para despedirme ; porque me se havia
antojado, solo por variar, de pasearme á
cavallo sobre los montes, desde donde te
escribo ahora. Yendo, y viniendo por su
quarto, vi sus pistolas. « Prestamelas, le
« dixe, para mi viaje. — Con mucho gusto,
« si quieres tomarte la pena de cargarlas,
« porque yo solo las he colgado aqui de
« perspectiva. » Yo tomé una, Alberto con-
tinuó. « Desde el chasco que me ha sucedido
« por mi demasiada precaucion, no quiero
« nada con esas armas. » Entróme la curio-
sidad de saber esta historia. « Haviendo ido
« á pasar, dijó el, unos seis meses en el campo,
« casa de un amigo ; yo tenia un par de pis-
« tolas sin cargar, lo que no me impedia el

« paire de pistolets non chargés, et je dor-
« mois sans inquiétude. Je ne sais pourquoi
« une après-dînée qu'il faisoit mauvais
« temps, et que j'étois assez désœuvré, il me
« vint dans l'esprit que nous pourrions....
« Mais tu connois cela. Je les donnai au
« domestique, et lui dis de les nettoyer et
« de les charger. Il badine, et veut faire
« peur à la fille. Je ne sais par quel accident
« le pistolet part, lance la baguette qui étoit
« dans le canon dans la main de la servante,
« et lui casse le pouce. J'en fus pour les do-
« léances, et, de plus, pour les frais du chi-
« rurgien. Depuis ce temps-là, je laisse toutes
« mes armes déchargées. — Mon ami, qu'est-
« ce que la prévoyance ? — Le danger ne
« se laisse point approfondir. » Cependant
tu dois savoir comme j'aime cet homme,
jusqu'à ses *cependant*. En effet, cela ne s'en-
tend-il pas de soi-même, que toute règle
générale a ses exceptions ? Mais il est si
juste, si loyal, que, quand il croit avoir dit
une chose hasardée, trop générale ou dou-
teuse, il ne cesse de limiter, modifier,
ajouter et retrancher, jusqu'à ce qu'enfin il
ne reste plus rien de la thèse en question.
L'occasion étoit belle ; il s'enfonça fort avant
dans le même texte, au point que je ne l'é-

« dormir con el mayor sosiego. No se por-
« que razon, una tarde despues de comer,
« que hacia muy buen tiempo, y que yo
« estaba bastante ocupado, me vino á la idea
« que podriamos.... Pero tu conoces esto.
« Diselas al criado, para que las limpiase y
« las cargase. El criado se puso á jugar, que-
« riendo hacer miedo á la criada. No se
« porque casualidad, se pone fuego al oido
« de la pistola, sale la baqueta que estaba
« en el cañon, y rompe un dedo á la criada.
« La cosa no tubo mas resultas malas para
« mi, que la pesadumbre que me causó, y
« los gastos del cirujano que tube que pagar :
« pero desde este tiempo yo dexo mis armas
« descargadas. — Amigo mio que es la pre-
« vision? Es imposible profundizar el peli-
« gro. Y no obstante.... » Tu deves saber
quanto quiero á este hombre, hasta sus no
obstantes. Y en efecto no se dexa entender
de si mismo que toda regla general tiene sus
excepciones ? Pero el es tan justo, tan leal,
que quando cree haver dicho alguna cosa
dudosa, demasiado general, ó arriesgada,
no cesa de limitar, modificar, añadir, qui-
tar hasta que enfin nada queda de la pro-
posicion. La ocasion era muy buena : se
intrincó tanto en el mismo texto, que yo ya

7 *

coulai plus; je tombai dans une espèce de
rêverie; puis, me levant comme en sursaut,
j'appuyai le bout du pistolet sur mon front,
au-dessus de l'œil droit. « Fi donc! » dit
Albert, en me retirant le pistolet; « qu'est-ce
« que cela veut dire? — Il n'est point chargé.
« — Qu'importe? Qu'est-ce que cela veut
« dire? » répliqua-t-il d'un ton d'impatience.
« Je ne puis me figurer comment un homme
« peut être assez fou pour se casser la tête.
« La seule pensée m'en fait horreur.

« Hommes que vous êtes! m'écriai-je, ne
« pouvez-vous donc parler de rien sans dire
« d'abord : Ceci est fou, et cela est sage;
« ceci est bon, et cela est mauvais? Qu'est-
« que tout cela signifie? Avez-vous, pour
« cela, examiné les motifs secrets d'une ac-
« tion? Savez-vous démêler avec précision
« les causes pour lesquelles elle s'est faite,
« et pourquoi elle devoit se faire? Si vous
« les saviez, vous seriez moins précipités
« dans vos jugements. »

« Tu m'accorderas, dit Albert, qu'il y a
« certaines actions qui sont toujours vicieuses,
« quels qu'en soient les motifs. »

J'en convins en haussant les épaules. « Ce-
« pendant, mon ami, continuai-je, cette

no le escuchaba nada, pues havia caido en una especie de distraccion profunda; de módo que me levanté, como saltando y apoyé la pistola sobre mi frente mas arriba del ojo derecho. «Quita de ahi,» dijo Alberto, tomandome la pistola, «que es lo «que vas á hacer? — No esta cargada. — « Y que importa? Pero que est esto? re-«plicó el, en el tono de la mayor impa-«ciencia. No puedo figurarme comó un « hombre puede ser tan loco que se mate á si « propio. Solo el pensarlo, me causa horror.

«O hombres! exclamé yo, no podreis « hablar de nada sin decir: es una locura, « es una cosa sabia; esto es bueno, aquello « es malo? Que significan estas palabras? «Para decirlas, habeis examinado los moti-« vos secretos de una accion? Podreis dis-«tinguir con precision, las causas porque « ha sido hecha y porque debiá hacerse? Si « lo supieseis, no juzgariais con tanta preci-« pitacion.»

« Tu me concederas, dixo Alberto, que « hay ciertas acciones que son sempre vicio-« sas, sea qûal sea el motivo que las produzca.» Convengo, respondi yo, encogiendome de hombros. «Sin embargo, es menester con-

« règle a aussi quelques exceptions. Il est
« vrai que le vol est un vice; mais un homme
« qui, pour se sauver lui et les siens de l'hor-
« reur de mourir de faim, sort pour marau-
« der, est-il digne de pitié ou de punition?
« Qui osera lever la première pierre contre
« le mari qui, dans le transport d'une juste
« colère, immole une épouse infidelle, et
« son infame séducteur? Contre la jeune fille
« qui, dans l'instant d'un voluptueux délire,
« se perd dans les plaisirs fougueux de l'a-
« mour? Nos lois mêmes, ces froids pédants,
« se laissent toucher, et suspendent le glaive
« de la justice.

　« C'est tout autre chose, répliqua Albert,
« puisqu'un homme que ses passions entraî-
« nent perd absolument l'usage de sa raison,
« et qu'on le regarde comme un homme ivre
« ou un frénétique. O hommes raisonnables!
« m'écriai-je en souriant; ô passion! ivresse!
« frénésie! vous voyez tout cela avec indif-
« férence, sans aucun intérêt. Gens de bonnes
« mœurs, vous blâmez l'ivrogne, vous re-
« gardez l'insensé avec horreur; vous passez
« outre comme le prêtre, et remerciez Dieu,
« comme le pharisien, de ce qu'il ne vous

« fesar, amigo mio, que esta regla tiene sus
« excepciones. Es verdad que el robo es un
« vicio; pero un hombre que por libertarse
« á si y á su familia de la horrible necesidad
« de morir de hambre, sale á robar algunos
« viveres, es digno de lastima ó de castigo?
« Quien se atreverá á coger la primera pie-
« dra contra un esposo, que en el transporte
« de una justa colera, mata á su infiel esposa,
« y á su infame seductor? Contra la joven
« doncella que en un instante de un volup-
« tuoso delirio, se descarria en los ardientes
« placeres del amor? Nuestras mismas leyes,
« y esos pedantes insensibles, se sienten con-
« movidos, y detienen la espada de la jus-
« ticia. »

« Es una cosa diferente, replicó Alberto,
« porque un hombre arrebatado por sus pa-
« siones pierde enteramente el uso de la razon,
« y se le mira como á un hombre ebrio ó á
« un loco. — O hombres de juicio ! exclamé
« yo, lanzando un profundo suspiro, pasion,
« embriaguez, frenesí todo lo mirais con la
« misma indiferencia, sin interes alguno. Per-
« sonas de buenas costumbres, vosotros acu-
« sais al borracho, mirais al insensato con
« horror, pasais adelante como el sacerdote,
« dais gracias á Dios, como el fariseó, de

« a pas faits comme un de ces gens-là. Je
« me suis vu ivre plus d'une fois, et mes
« passions n'ont jamais été fort éloignées de
« la frénésie ; mais je ne m'en repens pas,
« puisque j'ai appris, dans ma sphère, à
« concevoir pourquoi l'on a toujours décrié
« comme ivre et frénétique tout homme ex-
« traordinaire qui opéroit quelque chose de
« grand, ou qui paroissoit impossible.

« Et même, dans la vie ordinaire, il est
« insupportable d'entendre dire d'un homme
« qui fait une action tant soit peu honnête,
« noble ou inattendue : Cet homme est ivre
« ou fou. O hommes qui n'êtes ni ivres ni
« fous ! rougissez. » Voilà encore de tes ex-
travagances, dit Albert ; « tu outres tout ; et
« au moins est-il sûr que tu as tort ici de
« comparer aux grandes actions le suicide
« dont nous parlons, et qu'on ne peut regar-
« der que comme une foiblesse ; car enfin
« il est plus aisé de mourir, que de sup-
« porter avec constance une vie remplie de
« tourments. »

Peu s'en fallut que je ne rompisse la conversation : car rien ne me met hors de moi-
même, comme de voir un homme m'oppo-
ser un lieu commun qui ne signifie rien,

« que no os ha hecho como uno de ellos.
«Mas de una véz me he visto ebrio, y mis
« pasiones no han estado nunca muy lejos
« del frenesi; y no me arrepiento, pues que
« dentro de mi esfera, he aprendido á cono-
« cer, porque razon se ha desacreditado siem-
« pre con el nombre de ebrio, ó frenetico, á
« todo hombre extraordinario que executaba
« alguna cosa grande, ó que parecia imposible.

« Es insoportable, igualmente, el oir decir
« en la vida privada, de un hombre que hace
« una accion medianamente honesta, noble,
« ó no esperada, este hombre es un loco ó
« un borracho. O hombres, que no sois ni
« locos ni borrachos, avergonzaos! — Esta
« es una de tus muchas extravagancias, dixo
« Alberto; tu lo exâgeras todo. Alomenos es
« seguro que tu no tienes razon de comparar
« aqui con las grandes acciones, el suicidio
« de que estamos hablando, y el qual deve
« mirarse como una debilidad del hombre;
« porque enfin es mas facil el morir, que el
« soportar con constancia una vida llena de
« amargura. »

En poco estube de cortar la conversacion,
pues no hay cosa que me arrebate mas, que
el ver á un hombre openerme una razon
muy comun, quando yo hablo en la abun-

lorsque je parle de l'abondance du cœur. Je me contins cependant, car ce n'étoit pas la première fois que j'avois entendu raisonner de la sorte, et que j'en avois été indigné. Peux-tu bien traiter cela de foiblesse? lui répliquai-je avec un peu de vivacité. « Eh! « ne te laisse point séduire par l'apparence. « Qu'un peuple gémisse sous le joug insup- « portable d'un tyran, peux-tu, si les esprits « fermentent, et qu'il se soulève et brise ses « chaînes, peux-tu appeler cela une foiblesse? « Un homme qui, dans l'effroi que lui cause « le feu qui vient de prendre à sa maison, « sent toutes ses forces tendues, et emporte « sans peine des fardeaux que peut-être il « n'auroit pu remuer dans le calme de ses « sens; celui qui, furieux de se voir insulter, « attaque six adversaires, et vient à bout de « les vaincre, peuvent-ils être accusés de « foiblesse? Si celui qui peut bander un arc « est fort, pourquoi celui qui le rompt mé- « ritera-t-il le nom contraire? » Albert me regarda fixement, et me dit : « Avec ta « permission, il me semble que les exemples « que tu apportes ne conviennent point ici. « — Cela peut être; on m'a déjà reproché « plus d'une fois que ma logique approche « souvent du radotage. Voyons si nous ne

dancia de mi corazon. Contubéme; porque
no era la primera vez que yo havia oydo
hablar de este modo, y que yo me habia
llenado de indignacion. « Pero puedes tu
« mirar esto, como una debilidad? » Le repliqué con un poco de viveza. « No te dexes
« seducir por las apariencias. Supon un pue-
« blo que gime baxo el yugo insoportable de
« un tirano, si los espiritus principian á fer-
« mentar, si la multitud se subleva y rompe
« las cadenas que la sugetan puedes tu llamar
« á esto una debilidad? Un hombre que viendo
« que se quema su casa, siente en el instante
« de su espanto, renovarse y extenderse sus
« fuerzas, y carga facilmente con un peso,
« que tal vez no huviera podido mover en
« la calma y sosiego de sus sentidos; igual-
« mente aquel hombre que furioso de verse
« insultado, acomete á seis contrarios, y los
« venze; estos dos exemplos pueden presen-
« tarse como de debilidad y cobardia? Si el
« que puede montar un arco es fuerte, por-
« que el que lo rompe merecera el nombre
« contrario? » Alberto me miró fixamente,
y añadio : « Me permitiras que te diga los
« exemplos que tu traes, no convienen aqui.
« — Puede ser muy bien : mas de una vez
« me han acusado de que mi logica no es

« pourrons pas, d'une autre manière, nous
« représenter quel doit être le sentiment
« d'un homme qui se détermine à jeter là
« le fardeau de la vie, en toute autre occa-
« sion si agréable à porter; car ce n'est qu'au-
« tant que nous sentons la chose même, que
« nous pouvons en raisonner pertinemment.

« La nature humaine, poursuivis-je, a
« ses bornes : elle peut supporter la joie, la
« douleur, la tristesse, jusqu'à un certain
« degré; si elle le passe, elle succombe.
« La question n'est donc pas ici de savoir
« si un homme est fort ou foible, mais bien
« s'il peut supporter la mesure de ses maux;
« il est indifférent que ce soit moral ou phy-
« sique, et il me paroît aussi étonnant de
« dire que cet homme est un lâche, qui se
« prive de la vie, qu'il seroit déraisonnable
« de donner ce nom à celui qui meurt d'une
« fièvre maligne.

« Paradoxe! très-paradoxe! s'écria Al-
« bert. — Pas autant que tu l'imagines. Tu
« conviendras que nous appelons mortelle
« toute maladie dont la nature est tellement
« saisie, que toutes ses forces épuisées, et
« n'ayant plus elle-même aucune activité,
« elle se trouve hors d'état de s'aider, et

« mas que una charlataneria. Veamos si será
« posible representarnos de un otro modo,
« quales deven ser las ideas de un hombre
« que se determina á deshacerse del peso de
« la vida, tan agradable de llevar en qual-
«quiera otra ocasion; porque solo podremos
« raciocinar bien sobre una cosa, quando
«experimentamos ó sentimos la cosa misma.

« La naturaleza humana, proseguí yo,
« tiene sus limites; solo puede soportar la
« alegria, el dolor, la tristeza hasta cierto
« grado: si pasa mas alla, cede y se acaba.

« Ya no tratamos de saber, si un hombre
« es fuerte ó es debil; pero solo de si puede
« soportar el cumulo de sus males sean fisi-
« cos ó morales; y me parece que es igual-
« mente ridiculo el decir que este hombre
« es un cobarde porque se priva de la vida,
« como el dar el mismo nombre al que muere
« consumido de una fiebre maligna. »

« Paradoxa, y muy grande, exclamó Al-
« berto. — No tanto como crees. Convendras
« en que llamamos mortal toda enfermedad
« en la que la naturaleza se halla acometida
« en tales terminos, que haviendosela ago-
« tado todas sus fuerzas, y perdido toda su
« actividad, no puede ayudarse á si propia,

« d'opérer aucune heureuse révolution pour
« rétablir le cours ordinaire de la vie.

« Hé bien, mon cher, faisons la même
« application à l'esprit. Vois cet homme dans
« ses bornes étroites, comme les impressions
« agissent sur lui! comme les idées se fixent
« dans son esprit, jusqu'à ce qu'il s'élève
« dans son cœur une passion dont les progrès
« le privent de la saine raison, et finissent
« par l'atterrer!

« C'est en vain qu'un homme raisonnable
« et de sang froid contemple la situation du
« malheureux; c'est en vain qu'il tâche de lui
« inspirer du courage; semblable à l'homme
« en santé qui se tient auprès du lit d'un
« malade, et qui ne sauroit lui faire passer
« la plus petite partie de ses forces. »

Albert trouva que je généralisois trop mes
idées. Je lui rappelai une jeune fille qu'on
avoit depuis peu trouvée morte dans l'eau,
et je lui contai son histoire. « Une jeune et
« innocente créature, qui n'avoit en vue
« d'autre plaisir que de se parer quelquefois
« le dimanche des habits qu'elle se donnoit
« de ses épargnes, pour se promener avec
« ses compagnes autour de la ville, peut-
« être de danser une fois toutes les bonnes
« fêtes, et qui, du reste, passoit quelques

« ni producir ninguna feliz revolucion, para
« restablecer el curso ordinario de la vida.»

« Hagamos pues la misma aplicacion á las
« enfermedades del alma. Mira á ese hom-
« bre, en sus estrechos limites, como las
« impresiones obran en el, como las ideas se
« fixan en su alma, hasta que se eleva en su
« corazon una pasion cuyos progresos le pri-
« van de la sana razon, y acaban por tras-
« tornarle.

« En vano un hombre razonable y de san-
« gre fria contempla la situacion del infeliz,
« en vano procura inspirarle valor : es se-
« mejante al hombre sano que esta cerca del
« lecho de un enfermo, sin poderle dar la mas
« minima parte de sus fuerzas. »

Alberto halló que yo generalizaba demasiado las ideas. Le hice acordar de una doncellita, que pocos dias antes se havia hallado
muerta en el agua, y le conté su historía.
« Una joven é inocente criatura, que no tenia
« mas gusto que el adornarse algunas veces,
« los domingos, con las ropitas que se hacia,
« con lo poco que ahorraba para pasearse
« con sus compañeras al rededor de la villa,
« ó baylar una sola vez en cada fiesta, y que
« pasaba algunas horas charlando con una

« heures à caqueter avec une voisine sur le
« sujet d'une dispute ou d'une médisance ; à
« qui un tempérament vif fait enfin sentir
« des besoins plus pressants, que les flatteries
« des hommes augmentent, trouve insensi-
« blement tous ses premiers plaisirs insipi-
« des : bientôt elle rencontre un homme vers
« lequel un sentiment inconnu l'entraîne mal-
« gré elle; elle oublie tout le monde; elle
« n'entend rien, ne voit rien que lui, n'as-
« pire qu'à lui seul. Non corrompue par les
« vains plaisirs de l'inconstance, ses desirs
« tendent droit au but : elle veut devenir
« son épouse; elle prétend trouver dans une
« union éternelle le bonheur qui lui man-
« que; elle veut y goûter l'assemblage de
« tous les plaisirs qu'elle souhaite avec ar-
« deur. Promesses réitérées, qui semblent
« mettre le sceau à ses espérances : caresses
« hardies qui augmentent l'ardeur de ses
« feux, assiégent toutes les avenues de son
« âme : elle nage, pour ainsi dire, dans le
« sentiment anticipé de tous les plaisirs : le
« trouble de ses sens est à son comble, et
« elle étend enfin les bras pour recevoir l'ob-
« jet de tous ses desirs. Son amant l'aban-
« donne. Transie, éperdue, elle se trouve
« sur le bord d'un précipice : tout ce qui

« vecina sobre una disputa, ó un chisme ; á
« la que un temperamento robusto hace sentir
« enfin mas fuertes necesidades, aumentadas
« con las lisonjas de la gente joven, y llegan
« á parecerle insipidos sus primeros placeres :
« bien pronto, halla un hombre, acia el que
« se siente atrahida por un movimiento ocul-
« to : olbida todo el mundo : nada oye, nada
« ve mas que el ; á el solo aspira. Como áun
« no está corrompida por los placeres de la
« inconstancia, sus deseos van derechos á su
« fin ; quiere ser su esposa : quiere hallar en
« una union eterna la felicidad que la falta ;
« quiere gozar de todos los placeres reunidos,
« que con tanto ardor desea : promesas reite-
« radas que parecen poner el sello á sus espe-
« ranzas, caricias atrevidas que aumentan el
« ardor de su pasion, combaten por todos
« lados su alma ; ella nada, por valerme de
« esta expresion, en la idea anticipada de
« todos los placeres : la turbacion de sus sen-
« tidos ha llegado á su cumulo, y ella ex-
« tiende enfin los brazos, para recibir en
« ellos, el objeto de todos sus deseos. Su
« amante la abandona. Se halla á la orilla
« del precipicio traspasada de dolor, y de
« desconsuelo : quanto la rodea no ofrece mas
« que obscuras tinieblas ; no hay esperanza,

« l'environne n'est que ténèbres ; nulle pers-
« pective, nulle consolation, nul pressenti-
« ment : elle est abandonnée du seul être
« qui lui faisoit sentir son existence. Elle ne
« voit point le vaste univers qui est sous ses
« yeux : elle ne voit point mille personnes
« qui pourroient l'indemniser de ce qu'elle
« a perdu. Elle ne sent qu'elle seule, qu'elle
« seule délaissée de tout le monde. Aveuglée,
« accablée de l'état horrible de son cœur,
« elle se précipite, pour étouffer ses tour-
« ments, dans le sein de la mort. Tu vois,
« Albert, dans ce tableau, l'histoire de plus
« d'un malheureux : hé bien, n'est-ce pas le
« cas de la maladie ? La nature ne trouve
« aucune issue pour se tirer du labyrinthe
« des forces multipliées qui agissent contre
« elle, et il faut que l'homme meure.

« Malheur à celui qui diroit en la voyant :
« L'insensée ! si elle eût attendu, si elle eût
« laissé agir le temps, son désespoir se seroit
« appaisé, et bientôt elle eût trouvé un con-
« solateur.

« C'est comme si l'on disoit : L'insensé !
« il meurt d'une fièvre ! s'il eût attendu que
« ses forces se fussent rétablies, que ses hu-
« meurs se fussent corrigées, et que le tu-
« multe de son sang se fût appaisé, tout

« no hay consuelo, no hay idea favorable :
« el unico ente que la hacia amar la exis-
« tencia la ha abandonado. Ella no vé el in-
« menso universo que esta delante de sus
« ojos : no ve mil otras personas que podrian
« hacerla olbidar lo que ha perdido. No ve
« mas que á ella sola, á ella sola abandonada
« del universo entero. Alucinada, acongojada
« por el horrible estado de su corazon, se
« precipita, para apagar sus tormentos, en
« el seno de la muerte. Alberto, en esta pin-
« tura tienes la historia de mas de un infeliz.
« Y bien! no es este el mismo caso que el
« de una enfermedad ? La naturaleza no halla
« medio alguno para salir del laberinto de
« las multiplicadas fuerzas que obran contra
« ella, y entonces es necesarío que el hombre
« muera.

« Ynfeliz del que diga : Ynsensata ! Si
« huviese aguardado, si huviese dexado ha-
« cer al tiempo, su desesperacion se huviera
« apagado, y bien pronto huviera hallado un
« hombre capaz de consolarla.

« Es lo mismo que decir : Ynsensata !
« muere de una fiebre ! Si huviera aguardado
« que sus fuerzas se restableciesen, á que se
« dulcificasen sus humores, se apagase el ar-

I.   8

« auroit bien été, et il vivroit encore au-
« jourd'hui. »

Albert, qui ne trouva pas que la justesse
de la comparaison sautât aux yeux, allégua
encore plusieurs choses ; entre autres, que
je n'avois parlé que d'une simple jeune fille :
mais qu'il ne concevoit pas comment on
pouvoit excuser un homme d'esprit, qui étoit
moins borné, et qui découvroit d'un coup
d'œil plus de rapports. « Mon ami, m'écriai-
« je, l'homme est homme, et le peu d'esprit
« qu'on a ne peut guère se mettre en ligne
« de compte quand une passion fait les plus
« grands ravages, et qu'on se trouve serré
« dans les bornes étroites de l'humanité. Bien
« plus.... » — Nous parlerons de cela une
autre fois, lui dis-je en prenant mon cha-
peau. Mon cœur, hélas ! étoit si plein ! Nous
nous quittâmes sans nous être entendus l'un
l'autre, comme, dans ce monde, il est bien
rare qu'on s'entende.

« dor de su sangre , todo abria ido bien , y
« aun viviria. »

Alberto, que no creyó que la comparacion
fuese exâcta, alegó aun muchas cosas; entre
otras, que yo no havía hablado mas que de
una doncellita medio inocente, pero que no
comprendia como se podia excusar á un
hombre de talento, que no era tan limitado
de luces, y que de una ojeada devia ver
muchas y muy convincentes razones. « A mi-
« go mio! exclamé yo, el hombre es hombre,
« y no puede contar sobre sus escasas luces,
« quando una pasion causa el mayor trastorno,
« y que uno se halla encerrado en los estre-
« chos limites que le pusó naturaleza. Aun
« mas.... » Pero hablaremos de esto otra
vez, le dixe, tomando mi sombrero. Mi corazon, ah! estaba tan agitado! Nos separamos sin habernos podido entender el uno al
otro, como muy freqüentemente sucede en
este mundo.

LETTRE XXX.

Le 15 août.

Il est pourtant vrai que rien dans le monde ne rend les hommes nécessaires comme l'amour. Je sens en Lolotte qu'elle me perdroit avec peine; et les enfants n'ont d'autre idée, sinon que je viendrai toujours le lendemain. J'y étois allé aujourd'hui pour accorder le clavecin de Lolotte; mais je n'ai pu en venir à bout : les enfants m'ont persécuté pour avoir un conte de fée ; et Lolotte a voulu elle-même que je les contentasse. Je leur ai coupé leur goûter, qu'ils reçoivent actuellement de moi aussi volontiers que de Lolotte, et je leur ai conté le premier chapitre de la princesse servie par des nains. J'apprends beaucoup, je t'assure, dans ces narrations, et je suis surpris de l'impression qu'elles font sur eux. Quand il faut que je me rappelle quelque incident, que j'oublie à la seconde fois, ils me disent : « Ce n'é- « toit pas l'autre fois la même chose; » si bien que je m'habitue à présent à réciter mes histoires d'une manière invariable, en

CARTA XXX.

15 de agosto.

Es muy cierto que nada hace al hombre mas necesaria la ayuda y compañia de otro hombre, que el amor. Conozco que Carlota tendria mucha pena en perdeme : y los muchachos no piensan en otra cosa si no en que yo volveré al otro dia. Esta mañana fui á templar el clave de Carlota, y no me ha sido posible el verificarlo : los muchachos me han perseguido porque les cuente un cuento de encantadores : y Carlota misma ha querido que yo les contente. Yo les he repartido la merienda, la que reciben actualmente de mis manos con tanto gusto como de las de Carlota ; y les he contado el primer capitulo de la *princesa servida por los enanos.* En todas estas relaciones yo aprendo mucho, y me sorprende la impresion que les hace á los muchachos. Quando debo acordarme de algun incidente que he olbidado en la segunda vez, ellos me dicen : « La otra vez, « no era lo mismo. » Asi pues yo me he acostumbrado ahora á contar mis historias

affectant certaines chûtes ~~cadencées~~ ~~et suivies.~~ J'ai vu par là comment un auteur, qui donne une seconde édition de son histoire avec des changements, fût-elle poétiquement meilleure, fait nécessairement du tort à son livre. Nous nous prêtons volontiers à la première impression, et l'homme est fait de manière qu'on peut lui persuader les choses les plus extraordinaires; et elles s'attachent si fortement dans son esprit, que malheur à quiconque voudroit les détruire ou les effacer !

LETTRE XXXI.

Le 18 août.

FALLOIT-IL donc que cela fût ainsi, que ce qui constitue le bonheur de l'homme pût devenir la source de sa misère ? Cette sensibilité si vive, si expansive de mon cœur pour la nature animée, qui m'inondoit comme d'un torrent de volupté, et qui créoit du monde un paradis autour de moi, s'est changée en un bourreau cruel, en un esprit qui me tourmente et me poursuit par-tout.

de un modo invariable, afectando ciertas
caidas en cadencia, y en seguida. De este
modo he comprendido como un autor que
da una segunda edicion de su historia con
algunas variantes, aunque sea mejor en quanto
á la poesia, daña necesariamente á su obra.
Nos prestamos, de buena gana, á la primera
impresion, y parece que el hombre es formado de modo que se le pueden persuadir
las cosas mas extraordinarias; y de tal modo
se fixan en su alma, que infeliz de aquel que
emprenda el destruirlas ó el borrarlas.

CARTA XXXI.

18 de agosto.

ERA preciso que esto fuese asi? que lo que
constituye la felicidad del hombre, pueda
llegar á ser la fuente de su miseria? Esta
sensibilidad tan viva, tan expansiva de mi
corazon por la naturaleza animada, que me
inundaba como un torrente de placeres, y
que convertia el mundo en un paraiso con-
tinuado, se ha convertido en un verdugo
cruel, en un espiritu que me atormenta, y
me persigue por todas partes.

Lorsque autrefois, du haut du rocher, je portois mes regards au-delà de la rivière pour contempler la vallée fertile et les collines; que je voyois tout germer et sourdre autour de moi; toutes les montagnes couvertes, depuis leurs pieds jusqu'à leurs sommets, d'arbres hauts et touffus; toutes les vallées ombragées, dans leurs enfoncements inégaux, de forêts riantes; tandis que la rivière couloit tranquillement et avec un doux murmure à travers les roseaux, et réfléchissoit dans son cristal les nuages bigarrés qu'un doux zéphyr amenoit et balançoit dans l'air; lorsque j'entendois les oiseaux animer la forêt (de leurs chants), tandis que des milliers de moucherons dansoient à l'envi dans ce trait de lumière purpurine que produisent les derniers rayons du soleil, et qu'à son dernier aspect, le hanneton, que sa présence avoit tenu caché sous l'herbe, prenoit l'esssor, et s'élevoit en bourdonnant; lors, dis-je, que cette végétation universelle fixoit mon attention sur le sol, et que la mousse, qui arrachoit sa nourriture à la dureté du roc, les chardons et autres herbes que le sable aride produisoit le long de la colline, me découvroient cette source sacrée, cet ardent foyer de vie caché dans

Quando en otro tiempo, yo extendia mis miradas desde las elevadas rocas, hasta mas allá del rio, para contemplar las colinas y los fertiles valles : todo quanto yo veia á mi rededor brotaba y florecia : todos los montes cubiertos desde los pies hasta sus cimas de altos y coposos arboles, todos los valles adornados, en sus desiguales hendiduras, con risueñas florestas mientras que el rio coriá tranquilamente y con un dulce murmullo, por entre los cañizares, y reflexaba en sus cristalinas ondas la matizadas nubes, que un dulce zéfiro impelia y mecia en los ayres; quando escuchaba á los paxaros dar vida á los bosques con sus gorgeos; mientras que millares de mariposas juegueteaban á porfia, en las centellas de purpurina luz que producen los ultimos rayos del sol, y que á su último aspecto, la abispa que su presencia habia tenido oculta debaxo de las yerbas, tomaba vuelo, y se elevaba susurrando : quando, digo pues, que esta vegetación universal fixaba mi atencion sobre el suelo, y que el muzgo que arranca su alimento á la dura roca, los cardos y las demas yerbas, que las aridas arenas producen á lo largo de la colina, me descubrian esta fuente sagrada, este ardiente foco de

8 *

le sein de la nature : avec quel transport
mon cœur embrassoit, saisissoit tous ces objets ! Je me perdois dans leur multiplicité
infinie, et les formes majestueuses de cet
immense univers sembloient vivre et se
mouvoir dans mon ame. Des montagnes
effrayantes m'environnoient ; j'avois devant
moi des abymes, où je voyois des torrents
se précipiter ; les rivières couloient sous mes
pieds, et j'entendois les monts et les forêts
retentir ; je voyois toutes ces forces impé-
nétrables agir les unes sur les autres, et
former tout dans les profondeurs de la
terre. Sur cette terre et sous le ciel four-
millent toutes les races des créatures ; et
tout, tout se multiplie sous mille formes
différentes. Et les hommes ! ils s'enferment
dans de petites maisons, ils s'y accommo-
dent, et règnent, dans leur imagination, sur
tout l'univers. Pauvre insensé que tu es, de
mesurer tout à ta propre petitesse ! Depuis
la montagne inaccessible jusqu'au désert
que nul pied n'a foulé, jusqu'au dernier rivage de l'Océan inconnu, l'esprit de celui
qui, créé de toute éternité, anime tout de
son haleine, et voit avec plaisir chaque grain
de poussière, qui le conçoit et vit ? Hélas !
combien de fois n'ai-je pas desiré avec ar-

vida, oculto en el seno de la naturaleza : con que transporte mi corazon recogia, abrazaba todos estos objetos! Yo me confundia en su infinita multitud, y las formas magestuosas de este immenso universo parecian vivir, y moverse en mi alma. Me rodeaban las espantosas montañas ; delante de mi tenia abismos ; donde veia torrentes que se precipitaban ; los rios corian á mis pies , y escuchaba á los montes y á los bosques que resonaban : veia todas estas fuerzas impenetrables obrar las unas sobre las otras , y formarlo todo en las profundidades de la tierra. Sobre esta tierra, y baxo del cielo, hormiguean todas las especies de criaturas, y todo, todo se multiplica baxo de mil formas diferentes. Y los hombres! Se encierran en casas pequeñas ; se arreglan en ellas, y reynan en su imaginacion sobre todo el universo. Tu eres un pobre insensato en medirlo todo segun tu propia pequeñez! Desde la montaña inaccesible, hasta el desierto que ningun pie ha pisado áun , hasta las ultimas orillas del Occeano desconocido, el espiritu aquel que creado de tota eternidad, lo anima todo con su aliento, y ve con complacencia cada grano de tierra que le concibe y vive. Ah! quantas veces no he deseado

deur de traverser, sur les ailes de la grue qui voloit sur ma tête, l'immensité de l'espace, pour boire à la coupe écumante de l'éternel ce nectar toujours renaissant de la vie, et savourer un seul moment, autant que les forces limitées de mon cœur pourroient me le permettre, une goutte de la félicité de cet être qui produit tout en lui et par lui!

Mon cher, le seul souvenir de ces heures me fait plaisir; la joie que je sens à me rappeler ces élans de l'imagination, ces sensations indicibles à t'en parler, élève mon ame au-dessus d'elle-même, et me fait sentir doublement l'angoisse de l'état où je suis.

Il s'est élevé comme un voile au-devant de mon ame, et le spectacle de l'éternité s'offre et disparoît alternativement à mes yeux dans l'abyme toujours ouvert du tombeau. Peux-tu dire : Cela est, quand tout passe et roule avec la rapidité de la foudre, et que chaque être arrive si rarement au bout de la carrière que ses forces sembloient lui promettre de fournir, entraîné, hélas! par le courant, submergé et brisé contre l'écueil? Il n'y a point ici un seul instant

yo con el mayor ardor el atravesar sobre
las alas de la grulla que volaba sobre mi
cabeza, la immensidad del espacio, para
beber en la espumosa copa del eterno, ese
nectar siempre nuevo de la vida, y saborear
por un solo instante, y en quanto las fuerzas
limitadas de mi corazon podrian permitir-
melo, una gota de la felicidad de este ente
que todo lo produce en el, y por el.

Querido amigo solo el acordarme de estos
instantes me causa el mayor gozo; la complacencia que experimento en pensar en estos
transportes de mi imaginacion, en estas sensaciones que yo no puedo pintarte, eleva mi
alma sobre ella misma, y me hace sentir
con doble pena el angustioso estado en que
me hallo.

Se ha levantado un velo delante de mi
alma, y el espectaculo de la eternidad se
aparece y desaparece alternativamente á mis
ojos, en el abismo siempre abierto del sepulcro. Puedes decir, esto es, quando todo
pasa y rueda con la rapidez del relanpago
y que cada ente llega tan rara vez al fin de
la carrera, que sus fuerzas parecen permi-
tirle gozar, arrastrado, ah! por la corriente,
y sumergido y despedazado en los escollos?
No hay un solo instante que no te consuma

qui ne te consume toi et les tiens; pas un seul instant où tu ne sois, où tu ne doives être un destructeur. Ta moindre promenade coûte la vie à des milliers d'insectes; un pas détruit les cellules qui coûtent tant de peines aux malheureuses fourmis, et écrase un petit monde, qu'il plonge indignement dans le tombeau. Ah! ce ne sont pas les grandes et rares révolutions de l'univers, ces tremblements de terre, qui engloutissent vos villes; ce n'est point tout cela qui me touche : ce qui mine mon cœur, c'est cette force de consomption cachée dans le grand tout de la nature, qui n'a rien formé qui ne se détruise soi-même, et ce qui l'avoisine. C'est ainsi que je chancelle au milieu de mes inquiétudes. Ciel, terre, forces diverses qui se meuvent autour de moi, je n'y vois rien qu'un monstre, occupé éternellement à engloutir et à ranimer !

LETTRE XXXII.

Le 20 août.

C'EST en vain qu'à l'aube du jour, lorsque je commence à m'éveiller après des rêves sinistres, j'étends les bras vers elle; c'est en

á ti y á los tuyos; un solo instante en que no seas, en que no debas ser un destructor. Tu mas corto paseo cuesta la vida á millares de insectos; un paso destruye las celdillas que cuestan tantas penas á las infelices hormigas, y arruina un pequeño mundo que sumerge indignamente en el sepulcro. Ah! no son las grandes y no muy freqüentes revoluciones del universo, esos temblores de tierra que abisman vuestras ciudades, y asolan vuestras aldeas; no es esto lo que me conmueve: lo que corroe mi corazon, es esta fuerza de consuncion oculta en el gran todo de la naturaleza, que nada ha formado, que no se destruya á si propio, y á quanto le rodea. De este modo titubeó en medio de mis inquietudes. Cielo, tierra, fuerzas diversas, que se mueven á mi rededor, nada veo si no un monstruo eterno que se ocupa en tragar y en rumear!

CARTA XXXII.

20 de agosto.

EN vano al rayar del alba, quando comienzo á dispertarme despues de sueños siniestros, alargo los brazos acia ella; en vano la busco

vain que je la cherche la nuit dans mon lit, lorsque, trompé par un songe heureux et innocent, je crois être assis auprès d'elle sur le pré, tenir sa main, et la couvrir de mille baisers. Hélas! lorsque encore à demi étourdi du sommeil, je tâtonne pour la saisir, et que je m'éveille.... Hélas! l'oppression de mon cœur fait couler de mes yeux un torrent de larmes; et je gémis désespéré d'un avenir qui ne m'offre que ténèbres.

LETTRE XXXIII.

Le 22 août.

C'est une fatalité, Guillaume! Toutes mes facultés actives sont destinées à une inquiète oisiveté; je ne saurois rester désœuvré, et il m'est impossible de rien faire. Je n'ai aucune imagination, aucune sensibilité pour la nature, et tous les livres me causent du dégoût. Quand nous nous manquons à nous-mêmes, tout nous manque. Je te le jure, mille fois je desirerois être un journalier, pour avoir le matin, quand je m'éveille, une perspective, un attrait, une espérance pour le jour suivant. J'envie souvent le sort d'Al-

por la noche en mi cama, quando, alucinado
por un sueño feliz é inocente, creo estar
sentado á su lado sobre el prado, tener agar-
rada su mano, llenarla de mil besos. Ah!
quando aun medio aturdido del sueño, ando
á tientas por cogerla, y que me dispierto....
Ah! la opresion de mi corazon hace correr
de mis ojos un torrente de lagrimas, y gimo
desesperado en pensar en el tiempo venidero,
que no me ofrece mas que tinieblas.

CARTA XXXIII.

22 de agosto.

Es cosa fatal, Guillermo! Todas mis facultades activas estan destinadas á una ociosa
inquietud; no sé estar ocioso, y nada puedo
hacer. La naturaleza no conmueve en nada
mi imaginacion ni mi sensibilidad, y todos
los libros me fastidian. Todo nos falta, quando
nos faltamos á nosotros mismos. Te lo juro
en verdad, deseo mas de mil veces ser un
jornalero, para tener al dispertarme por la
manaña una perspectiva, un atractivo, una
esperanza para el dia siguiente. Muchas veces embidio la suerte de Alberto, que esta

bert, que je vois enterré dans les actes jusqu'aux oreilles, et je m'imagine que je serois
heureux à sa place. Je suis même si frappé
de cette idée, que plus d'une fois il m'a pris
envie de l'écrire, ainsi qu'au ministre, pour
demander cette place à l'ambassade, qui,
comme tu l'assures, ne me seroit point re-
fusée. Je crois moi-même que le ministre
m'aime depuis long-temps : il y a long-
temps qu'il m'a dit que je devrois m'em-
ployer, et il y a des instants où je le ferois
avec plaisir ; mais ensuite, quand j'y réfléchis, et que je viens à me rappeler la fable
du cheval qui, impatient de sa liberté, se
laisse seller, brider et surmener...., je ne
sais ce que je dois faire.... Eh! mon ami,
ne seroit-ce pas en moi ce mouvement intérieur qui me porte à changer de situation,
une impatience insupportable qui me pour-
suivra par-tout ?

LETTRE XXXIV.

Le 28 août.

J'avoue que si quelque chose pouvoit
guérir ma maladie, ces gens-ci le feroient.
C'est aujourd'hui le jour de ma naissance,

encerrado en papeles hasta las cejas, y me
imagino que yo seria feliz en su empleo.
Esta idea se me representa con tanta fuerza,
que muchas veces he querido escribir á el
ministro y á ti, para pedir el empleo de la
embajada, que segun aseguras, me conce-
deran al instante. Creo en verdad que hace
tiempo que el ministro me estima ; mucho
ha que me dijo que yo deberia tomar un
empleo, y hay instantes en que lo haria con
el mayor gusto, pero quando despues re-
flexiono, y me acuerdo de la fabula del cavallo que cansado de su libertad, se dexa
poner la silla, el freno, y por ultimo montar.... no se lo que debo hacer. — Pero
amigo mio ! este movimiento interior que
me arrastra á mudar de situacion no será en
mi una impaciencia insoportable que me
perseguirá por todas partes ?

CARTA XXXIV.

28 de agosto.

CONFIESO que estas gentes harian todo
aquello, que pudiese curar mi mal. Hoy es
el dia de mi cumple-años, y esta mañana

et j'ai reçu de grand matin un petit paquet
de la part d'Albert. La première chose qui
a frappé mes yeux à l'ouverture, c'a été
un des nœuds de couleur de rose que por-
toit Lolotte lorsque je fis sa connoissance,
et que je lui avois depuis demandé plusieurs
fois. Il y avoit deux petits livres in-12, le
petit Homère de l'édition de Wetstein, que
j'avois tant de fois souhaité, pour n'être pas
chargé de celui d'Ernesti quand je vais à
la promenade. Tu vois! c'est ainsi qu'ils
vont au-devant de mes souhaits, et qu'ils
cherchent à me témoigner ces petites complaisances de l'amitié, mille fois plus pré-
cieuses que ces présents magnifiques, par
lesquels la vanité de celui qui les fait nous
humilie. Je baise mille fois ce nœud ; et,
à chaque trait de respiration, j'avale le souvenir de cette béatitude dont m'a comblé
ce peu de jours, ces jours fortunés, ces jours
qui ne peuvent revenir. Guillaume, c'est
une vérité, et je n'en murmure point ; les
fleurs de la vie ne sont que de vaines apparitions : combien se passent sans laisser après
elles la moindre trace ! combien peu produisent des fruits ! et combien peu de ces
fruits parviennent à la maturité ! Et cependant il en est encore assez, et.... ô mon

muy temprano he recibido un paquetito de
parte de Alberto. La primera cosa que ha
fixado mi atencion, al abrirle ha sido uno
de los lazos de color de rosa que llevaba
Carlota quando la vi por la primera vez, y
el qual yo se lo havia pedido muchas veces.
Habia tambien dos libritos en 12; el Homero
de la impresion de Westein, que yo habia
deseado tanto, por no ir al paseo cargado
con el de Ernesti. Por esto puedes colegir
como previenen mis deseos, y procuran de-
mostrarme estas pequeñas complacencias de
la amistad, mas preciosa mil veces que esos
magnificos regalos, con los quales nos hu-
milla la vanidad del que los hace. Mil veces
he besado este lazo: y á cada vez que suspiro, bebo la memoria de la beatitud que
me han dado en cumulo esos pocos dias,
esos dias felices que ya no pueden volver.
Guillermo, es una verdad, y no me quejo
de ello: las flores de la vida no son mas
que vanas apariencias: quantas se desvanecen
sin dexar el mas minimo rastro! quan pocas
dan fruto! y quan pocos de estos frutos llegan á madurez! Y sin embargo áun hay
bastantes, y.... O hermano mio! podremos

frère ! pouvons - nous négliger des fruits même, les dédaigner, n'en pas jouir, les laisser se flétrir et se corrompre ?

Adieu. L'été est magnifique ; je me perche quelquefois sur les arbres fruitiers, dans le jardin de Lolotte, le cueilloir à la main ; j'abats les poires les plus hautes ; elle se tient dessous, et les reçoit à mesure que je les lui descends.

LETTRE XXXV.

Le 30 août.

MALHEUREUX ! n'es-tu pas fou ? ne te trompes-tu pas toi-même ? Où te conduira cette passion fougueuse et sans fin ? Je n'adresse plus de prières qu'à elle ; aucune forme ne frappe plus mon imagination que la sienne ; et, tout ce qui m'environne dans le monde, je ne le vois plus qu'en liaison avec elle, et cela me procure quelques heures de bonheur. Jusqu'à l'instant où il faut que je m'arrache de sa présence, ah ! Guillaume, où m'emporte souvent mon cœur ? Lorsque je suis resté assis, deux, trois heures auprès d'elle à repaître mes

descuidar los frutos ya maduros, despreciar-
los, no gozarlos, dexarlos corromperse?

Adios. El verano es magnifico : algunas
veces trepo á los frutales del jardin de Carlota; derribo las peras mas altas; ella está
debaxo y las recibe á medida que yo las
dexo caer,

CARTA XXXV.

3o de agosto.

Ynfeliz! no eres un loco? no te engañas
á ti propio? Adonde te conducirá esta fogosa
é interminable pasion? A ella sola dirijo
todos mis votos; mi imaginacion no se representa ninguna otra figura sino la suya :
y quanto me rodea en este mundo, no lo
veo si no con relacion á ella. Y esto me
procura algunas horas de felicidad. Hasta el
instante en que me es preciso arrancarme
de su presencia, ah! Guillermo, á donde
me arrebata á veces mi corazon! Quando
he permanecido sentado, dos, tres horas á

yeux et mes oreilles de ses graces, de son maintien et de l'expression céleste de ses paroles ; que mes sens se tendent insensiblement, que ma vue s'obscurcit, que je n'entends plus qu'à peine, que ma gorge se serre comme si j'étois saisi par quelque assassin, alors mon cœur bat d'une étrange manière pour donner de l'air à mes sens suffoqués, et ne fait qu'en augmenter le désordre. Guillaume, bien souvent je ne sais plus si je suis au monde ; et, à moins que je ne me trouve accablé tout à fait, et que Lolotte ne m'accorde la triste consolation de soulager mon cœur oppressé, en arrosant sa main de mes larmes, il faut que je sorte ! il faut que je m'éloigne ! et je cours, comme un vagabond, dans les champs. Alors c'est un plaisir pour moi de gravir une montagne escarpée, de m'ouvrir un chemin à travers une forêt impraticable, à travers les haies qui me blessent, à travers les épines qui me déchirent. Alors je me trouve un peu mieux, un peu ; et lorsque, succombant à la lassitude et à la soif, je reste en chemin, quelquefois dans la nuit profonde, lorsque la pleine lune brille sur ma tête, qu'au milieu d'une forêt solitaire je me perche sur un arbre tortueux, pour

su lado, para saciar mis ojos y mis oydos
con sus gracias, con su tono, y con la expresion celeste de sus palabras; que mis sentidos se extienden insensiblemente, que mi
vista se obscurece, que apenas oygo; que
mi garganta se aprieta como si me asaltase
algun asesino; entonces mi corazon bate de
un modo extraño para refrescar con ayre
nuevo á mis sentidos sofocados, y no hace
mas que aumentar el desorden. Guillermo,
muchas veces no sé si estoy en el mundo;
y si no me siento enteramente oprimido, ó
si Carlota no me concede el triste consuelo
de aliviar mi angustiado corazon dexando
bañar su mano en mis lagrimas, yo necesito
salir : yo necesito alejarme; y yo corro por
los campos como un vagamundo. Entonces
mis gustos consisten en trepar por una montaña escarpada, en abrirme un camino por
entre un bosque impenetrable, por entre los
matorrales que me hieren, y las espinas que
me despedazan. Entonces me hallo un poco
mejor, un poco! y quando cediendo al can-
sancio y á la sed, me quedo en el camino,
á veces en medio de una noche profunda,
quando la luna llena, brilla sobre mi cabeza,
que en lo mas hondo de un solitario bosque
me siento sobre un arbol para procurar, al

I.   9

procurer au moins quelque soulagement aux plantes de més pieds écorchés, et que, dans un repos inquiet, je sommeille à la lueur du crépuscule.... O Guillaume! la demeure solitaire d'une cellule, un vêtement de bure et un cilice, sont des consolations auxquelles mon ame aspire. Adieu. Je ne vois à toutes ces misères d'autre fin que le tombeau.

LETTRE XXXVI.

Le 3 septembre.

Il faut que je parte. Je te remercie, Guillaume, d'avoir fixé mes incertitudes. Voilà déjà quinze jours que je médite le projet de la quitter. Il le faut. Elle est encore une fois à la ville chez une amie. Et Albert.... et... il faut que je parte.

FIN DE LA PREMIÈRE PARTIE.

menos, algun alivio á las plantas de mis pies enteramente desolladas, y que en un reposo inquieto, yo sueño á la luz del crepúsculo.... O Guillermo! el solitario albergue de una celda, un vestido de sayal, y un cilicio, son los unicos consuelos á que mi alma aspira. Adios. No veo mas fin para todas estas miserias, que el sepulcro.

CARTA XXXVI.

3 de septiembre.

Es preciso que yo me marche. Te doy gracias, ó Guillermo, por haver fixado mi incertidumbre. Ya hace quinze dias que medito el proyecto de dexarla. Es preciso. Otra vez ha ido á la ciudad, á casa de su amigo. Y Alberto!... Ah.... Es preciso que yo marche.

FIN DE LA PRIMERA PARTE.

www.ingramcontent.com/pod-product-compliance
Lightning Source LLC
Chambersburg PA
CBHW071946110426
42744CB00030B/551